QUE S

L'environnement

JACQUES VERNIER

Ancien élève de l'École Polytechnique
Maire de Douai
Ancien Président de l'Agence de l'Environnement
et de la Maîtrise de l'Énergie

Cinquième édition mise à jour

30e mille

DU MÊME AUTEUR

La bataille de l'environnement, Robert Laffont, 1971.
Les énergies renouvelables, PUF, coll. « Que sais-je ? », 2e éd., 1998.

ISBN 2 13 051495 2

Dépôt légal — 1re édition : 1992
5e édition mise à jour : 2001, mars

6, avenue Reille, 75014 Paris

INTRODUCTION

Le 1er avril 1979, en Pennsylvanie, l'accident nucléaire de Three Mile Island secoue l'Amérique. À quelques kilomètres de là, des villages amish, qui ont toujours refusé le progrès scientifique, vivent à la lueur des bougies. Un patriarche amish déclare que les hommes provoqueront la fin du monde. Vieux débat sur les bienfaits et les méfaits du « progrès ».

Autre vieux débat : celui des relations de l'Homme et la Nature. L'homme est-il fait pour « dominer » la nature, pour s'en rendre « maître et possesseur » (Descartes) ? Ou bien est-il « fou » de faire « la guerre à la Nature avec les machines » (Érasme) ?

Longtemps, on a eu le sentiment que la nature, au formidable pouvoir épurateur et régulateur, « digérerait » les agressions de l'homme. Et que les découvertes de la science corrigeraient les éventuels méfaits du progrès. Ce n'est pas faux. Ce livre illustre les succès enregistrés, depuis vingt ans, dans la lutte contre la pollution de l'eau ou de l'air, démentant bien des prévisions apocalyptiques.

Néanmoins, le monde s'emballe. Démographie, déforestation, consommation d'énergie s'accélèrent, au risque de dérégler la belle et époustouflante mécanique du monde vivant (voir le chap. « La nature »). « Meunier, tu dors, ton moulin va trop vite »... dit la chanson.

Dans un même numéro de *La Recherche* de juillet 1991, un article évoquait la folle course-poursuite des nouveaux insecticides et de la résistance des insectes, pendant qu'une interview d'un grand spécialiste du SIDA se concluait ainsi : « D'autres épidémies graves apparaîtront, rançon d'un progrès qui se fait au détriment d'équilibres biologiques millénaires. »

« Tout est poison, rien n'est poison. Tout est dans la dose », disait le savant Claude Bernard. Tout est dans le rythme, pourrait-on ajouter.

AVERTISSEMENTS

1 / Un livre sur l'environnement peut, ou bien présenter les enjeux (eau, air, silence, faune et flore...), ou bien présenter les acteurs (agriculture, industrie, transports, villes). L'idéal eût été, dans un livre « à double entrée », de présenter les deux. Seule la première approche a été retenue, du fait de la nécessaire concision de la collection.

2 / Il est coutumier de ne pas évoquer, lorsqu'on parle d'environnement, les problèmes du milieu de travail (bien que les expositions *professionnelles* au bruit ou aux pollutions ne soient guère différentes dans leur nature). On s'en tiendra ici à cette distinction habituelle.

PREMIÈRE PARTIE

SIX ENJEUX

Chapitre I

L'EAU

I. — Les ressources en eau

La « planète bleue »... La belle image renvoyée par les satellites nous rappelle la prééminence de l'eau : l'eau, qui recouvre les trois quarts de la surface de notre globe, constitue, aussi, les trois quarts des tissus vivants.

Une telle abondance semblerait nous mettre à l'abri du manque d'eau. Hélas il n'en est rien, pour deux raisons :

1. Il ne suffit pas d'avoir de l'eau, encore faut-il l'avoir au bon endroit et au bon moment :

— *Au bon moment.* À quoi sert l'abondant débit d'une rivière en hiver si celui-ci s'amenuise en été, au moment où les besoins sont les plus importants, notamment pour l'irrigation, l'arrosage et la vie des poissons ? On se souvient, en France, des sécheresses prononcées de 1989, 1990, 1991, 1992 et 1996. À quoi sert, inversement, l'eau en excès qui, au moment des crues, s'écoule à vive allure vers la mer ? Bien sûr l'homme n'a pas manqué de construire des barrages, toujours plus gigantesques, pour retenir l'eau en hiver et la restituer en été, pour, comme on dit, « régulariser » les fleuves. Mais on sait les craintes qu'inspirent, ici ou là, ces barrages, qu'il s'agisse du Nil ou de la Loire... : deux principaux reproches sont faits aux barrages, d'une part la noyade de certaines vallées, d'autre part la coupure du lien entre amont et aval du fleuve, pour les êtres vivants comme pour les sédiments[1]. Mais la France n'a pas seulement des barrages, elle a aussi la chance d'avoir, sous terre, ces réservoirs *naturels* que sont les nappes d'eaux souterraines, dont le remplissage, sur plusieurs années, est moins sensible aux caprices d'une année donnée[2].

— *Au bon endroit.* Naguère, peu ou prou, l'homme s'installait auprès de l'eau, source de vie. Petit à petit, le déséquilibre s'est créé en de nombreux endroits du monde entre les ressources en eau disponibles et les populations présentes, voire pressantes. Quoi de comparable entre « le lac immense aux eaux claires » au bord duquel se mirait, en 1519, la capitale de l'Empire aztèque et la métropole artificielle de 23 millions d'habitants, dépourvue d'eau, qu'est devenue, en ce début de XXIe siècle, la pullulante Mexico ? Quoi de comparable entre la Mésopotamie, « grenier du monde » il y a quelque cinq mille ans, et le désertique Irak d'aujourd'hui ? L'homme, attiré par l'eau ou par d'autres sirènes, s'est agglutiné, surexploitant les ressources : soit directement, en prélevant l'eau abusivement ; soit indirectement, en s'attaquant au couvert végétal (urbanisation, défri-

1. Les trois grands réservoirs, « Aube », « Marne », « Seine », qui régularisent le cours de la Seine ont l'avantage de ne pas être des « barrages », puisque situés *sur le côté* du cours d'eau, en dérivation.

2. Il faut ici rappeler que la plupart des eaux souterraines ne sont pas, *en général*, des rivières souterraines ; il s'agit de roches très finement poreuses (sable, grès, calcaire...) imbibées d'eau : d'où le nom de « nappes souterraines ».

chement agricole abusif) ou en macadamisant à outrance des surfaces urbanisées, supprimant ainsi tout ce qui *retenait* l'eau sur place et accélérant, en bien des endroits, le ruissellement et la course folle de l'eau vers la mer.

Bien sûr, faute d'eau sur place, l'eau se transporte, même si son transport est un luxe. Les aqueducs ne datent pas d'hier et l'homme ne manque pas, ici et là, de projets plus fous les uns que les autres : le Canada, les États-Unis et le Mexique n'envisagent-ils pas de transporter l'eau si abondante de l'Alaska à travers tout le continent nord-américain pour irriguer leurs terres semi-désertiques ? L'Australie n'a-t-elle pas détourné des fleuves vers l'ouest et le nord du pays ? La Libye ne construit-elle pas « le grand fleuve artificiel » souterrain qui, à 1 000 km de distance, ira chercher les eaux fossiles souterraines du Sahara ? Il est clair qu'en tout cas la richesse en eau est *très inégalement* répartie. C'est vrai *à l'échelle du monde* (où la richesse en eau peut varier de 1 à 1 000 entre un pays aride et un pays tropical ou nordique). C'est vrai aussi *à l'échelle de la France* : les quatre grands fleuves français véhiculent à eux seuls près des deux tiers des eaux du territoire, le débit de l'Hérault est vingt fois plus faible que celui de la Seine et bien des régions françaises, notamment tous nos massifs « primaires » (Ardennes, Bretagne, Massif central, Vosges, Corse), sont singulièrement dépourvus d'eaux souterraines.

2. Il faut avoir une eau de *qualité convenable*. L'eau salée de la mer, même quand elle est proche, est inutilisable, sauf dessalée à grands frais, pour la plupart des usages : ni le buveur d'eau, ni les chaudières ou fabrications industrielles, ni les productions agricoles ne supportent le sel. C'est bien dommage puisque l'eau de mer représente 97 % de nos ressources, tandis que les eaux superficielles (fleuves, rivières, lacs) ou souterraines en représentent moins de

1 % ! Ce précieux 1 % d'eau douce est de bien meilleure qualité, notamment les eaux souterraines, car elles sont si bien protégées, *normalement*, par les couches de terre ou de roches qui les recouvrent. Hélas, trois fois hélas, l'homme a pollué cette ultime et rare ressource.

II. — Les besoins en eau

La comptabilité de l'eau est bien spéciale. Rien ne serait plus faux que d'additionner les besoins ou les prélèvements, car il arrive, très souvent, que *la même eau* resserve plusieurs fois, par exemple tout le long d'un fleuve, d'amont en aval. Ainsi, l'eau prélevée par une ville est, *grosso modo,* restituée après usage à 70 %. L'industrie restitue, aussi, une grande partie de l'eau prélevée. Seule l'agriculture « consomme » vraiment, pour la plante, 70 à 95 % de l'eau d'irrigation. Bien sûr, comme « rien ne se perd et rien ne se crée », l'eau « perdue » n'est pas vraiment perdue : mais elle s'en va à *l'atmosphère* (évaporation dans certaines industries, transpiration dans l'agriculture).

Tout cela pour dire qu'il ne faut pas confondre eau *prélevée* (mais éventuellement restituée) et eau réellement *consommée et perdue*. Ainsi, en France, en 1997, les *prélèvements* d'eaux douces étaient, dans l'ordre, le fait des centrales électriques (57 %), des villes (19 %), des industries (13 %), de l'agriculture (11 %). Mais ces chiffres sont trompeurs :

— car l'agriculture *consomme* en été, période critique, plus de 50 % du total de l'eau *consommée* en France ;

— les *prélèvements* des centrales électriques ont plutôt tendance à baisser. De plus en plus de centrales ont un refroidissement en circuit fermé, ce qui certes réduit leur *prélèvement* d'eau dans le rapport de 1 à 10, mais ce qui double la *déperdition* par évaporation dans les grandes tours de réfrigération atmosphérique : elles prélèvent beaucoup moins, mais consomment plus[1].

Il faut aussi souligner qu'une autre manière de « perdre » l'eau est de ne pas la restituer *à son milieu d'origine* : une eau de rivière rejetée à la mer est perdue pour la rivière, une eau souterraine (qui n'est en général pas réinjectée dans le sous-sol après usage) est perdue pour cette nappe. Cela n'est pas indifférent, quand le milieu où l'on rejette est moins *pur* et donc moins utilisable que le milieu où on avait prélevé.

1. **Les besoins domestiques.** — Dans la plupart des pays industrialisés ceux-ci sont de l'ordre de 150 l par jour et par habitant (en France : 20 % pour les WC, 40 % pour les bains-douches, 22 % pour les lavages de linge ou de vaisselle, 19 % pour les autres usages : arrosage, cuisson, boisson, etc.). Si l'on y rajoute les besoins « communaux » (écoles, hôpitaux, lavage des rues, espaces verts), on arrive à 200 l/jour/habitant.

Des efforts d'*économie d'eau* ont été entrepris pour stabiliser, voire réduire cette demande, dans les appareils électroménagers (lave-linge, lave-vaisselle) ou dans les toilettes (les boutons-poussoirs ou déclenchements électroniques publics font gagner 80 % d'eau !), et pour réduire les fuites des réseaux d'eau potable (qui peuvent aller de 10 % à 40 % !). Méthodes sans doute plus efficaces pour économiser l'eau que la fameuse affiche anglaise qui présentait un couple prenant ensemble sa douche avec le slogan : « Save water, Bathe together »...

En France 60 % des eaux domestiques proviennent des eaux souterraines, 40 % des eaux de surface. Ces eaux sont en général traitées avant usage, les eaux de surface plus fortement bien sûr. Ce traitement est indispensable. Depuis Hippocrate, les craintes d'une

1. Cela étant, le rejet de cette chaleur à l'atmosphère préserve le cours d'eau aval d'un réchauffement, qui est une forme de pollution (voir plus loin : la pollution thermique).

eau insalubre restent bien vivaces : les épidémies de choléra du XVIIIe siècle ne sont pas loin dans les esprits[1].

Le traitement consiste à éliminer les particules en suspension dans l'eau par une décantation et une filtration, et à désinfecter l'eau soit par le chlore ou l'ozone[2], soit, méthode plus récente et plus efficace (mais plus coûteuse...), par microfiltration. Une directive européenne de 1998 a remplacé celle de 1980 et a renforcé les normes de qualité de l'eau potable.

2. **Les besoins industriels.** — L'eau industrielle est d'abord et avant tout utilisée pour transporter de la chaleur (refroidissement, chauffage), pour « arracher » ou transporter des matières (lavage, évacuation des déchets de la fabrication), pour être incorporée à la fabrication (boissons, chimie). L'industrie a fait ces dernières décennies des économies d'eau colossales.

Il faut aujourd'hui 50 fois moins d'eau pour laver la laine, 15 fois moins d'eau en sucrerie, 6 fois moins d'eau pour raffiner le pétrole... Beaucoup d'industries ont *recyclé* leur eau, réduisant sensiblement leurs prélèvements, mais aussi, par la même occasion, leurs rejets (et allégeant donc leur problème de traitement des eaux usées). Pour autant, comme on l'a vu ci-dessus pour les centrales thermiques, cela ne diminuait pas toujours la *consommation* industrielle dans les mêmes proportions.

3. **Les besoins agricoles.** — Depuis l'Antiquité, on connaît les vertus de l'irrigation. Le blé, plus encore le maïs, plus encore le riz, plus encore le coton sont de grands consommateurs d'eau. Dans le monde, la

1. L'épidémie de choléra du Pérou, en 1990, a montré que l'insalubrité de l'eau fait encore bien des ravages. L'Organisation mondiale de la Santé considère que 80 % des maladies de la population du monde sont dues à l'eau ou véhiculées par l'eau.

2. Le chlore avait l'inconvénient de donner un goût à l'eau et de former des composés chlorés préoccupants avec certaines substances organiques dissoutes dans l'eau. L'ozone évite ces deux inconvénients et, en outre, serait plus efficace contre les virus et les parasites, et contre les pesticides (notamment, en alliance avec l'eau oxygénée).

croissance de l'irrigation s'est plutôt ralentie cette dernière décennie pour des raisons économiques (environ 10 % des terres arables sont irriguées). En France, en revanche, les surfaces irriguées ont triplé de 1970 à 1995, et concernent non seulement le sud du pays, notamment pour le maïs, mais aussi les plaines du nord. Ces besoins sont d'autant plus ressentis qu'ils s'expriment en été, période la plus critique. Barrages et retenues collinaires fleurissent, pour cette raison, dans le sud de la France.

Le tiers de l'irrigation se fait par des canaux et fossés, les deux autres tiers par aspersion (qui perd moins d'eau) ; les techniques d'irrigation au goutte-à-goutte, au pied des plantes, commencent seulement à se développer (en arboriculture).

III. — La pollution des eaux

« Pollution : XIIe siècle, du latin ecclésiastique *pollutio* », disent les dictionnaires. Les Égyptiens, qui adoraient le dieu Nil, ou les Grecs, qui vénéraient le dieu Océanos, ne renieraient sans doute pas cette définition religieuse de la « pollution ».

À tort ou à raison, nous n'étudierons pas séparément pollution des eaux douces et pollution des mers, même si les *effets* de certaines pollutions, tout en étant *semblables*, ne sont pas tout à fait *identiques*. Ceci afin de mieux marquer la « solidarité » terre-mer. D'une part, c'est la frange *littorale* de la mer qui est la plus vivante et la plus productive, au point qu'on a pu dire que la haute mer, loin des apports nutritifs des continents, et peu éclairée en profondeur, était, en comparaison, « un désert biologique ». D'autre part, 80 % des pollutions de la mer viennent de la terre, via les fleuves, les rejets côtiers, l'atmosphère (même si ces pollutions « telluriques » sont moins médiatiques que les pollutions accidentelles en mer, évoquées au chap. V).

À vrai dire, il n'y a pas une, mais de *multiples* formes de pollution des eaux :

1. **La pollution organique.** — C'est celle qui a, la première, préoccupé les pouvoirs publics ; celle qui est déversée par les villes, mais aussi par nombre d'industries plus ou moins « naturelles », telles que les papeteries et, surtout, les industries agro-alimentaires. L'opinion publique a parfois du mal à comprendre que des rejets de lait, ou de sucre, ou de bière soient nocifs pour une rivière : d'ailleurs les poissons se nourrissent volontiers de l'effluent d'une laiterie ! C'est oublier qu'une fois déversées dans la rivière, ces matières organiques vont être « dévorées », « dégradées » par les bactéries de la rivière : tant mieux, il y a, pour ainsi dire, une *autoépuration*. Mais les bactéries, pour « manger » la pollution, ont *aussi* besoin d'oxygène. Trop de pollution à « manger » entraîne alors une consommation massive d'oxygène du cours d'eau, laquelle tue les poissons, non pas par toxicité, mais par *asphyxie* : les poissons ne meurent pas dans l'effluent d'une laiterie, mais ils périssent, asphyxiés, quelques kilomètres en aval... C'est parce que les rivières étaient privées d'oxygène que certaines, amorçant un processus de fermentation, dégageaient dans les années 1960 des odeurs putrides.

C'est d'ailleurs grâce aux bactéries qu'on épure les matières organiques dans les stations d'épuration. Dans de grands bassins, les bactéries (qui sont présentes dans les eaux d'égout) vont « attaquer » la pollution. Il suffira de leur fournir, artificiellement, de l'oxygène par insufflation ou brassage des eaux... Ainsi le travail de dégradation par les bactéries est fait *avant* le rejet et la rivière sera préservée (il restera bien sûr à se débarrasser des boues bactériennes qui tombent au fond de la station). À noter qu'une réglementation européenne a rendu obligatoires les *détergents biodégradables*, faute de quoi ceux-ci n'auraient pas pu être épurés par les bactéries des stations d'épuration urbaines.

En France, comme dans tous les pays industrialisés, la pollution organique a fortement diminué, plus rapidement dans l'industrie (– 54 % entre 1974 et 1995) que dans les villes. D'ailleurs, depuis 1985, la pollution organique des villes dépasse légèrement la pollution industrielle. Cette relative faible performance des villes a plusieurs causes :

— la construction de *stations d'épuration* a été relativement plus lente que dans d'autres pays. Des grandes villes comme Marseille, Toulon ou Saint-Malo n'ont construit leur station qu'au cours de la décennie 90. En 1996 cependant, la France était équipée à 96 % en stations d'épuration (mais, bien sûr, leur « rendement » n'est pas total, environ 72 %) ;
— cependant, il ne suffit pas de construire des stations d'épuration, encore faut-il qu'il y ait des *égouts* en ville pour collecter la pollution. La France a été longtemps en retard sur ce plan. Il faut dire que, rapporté à l'habitant, l'égout coûte quatre fois plus cher à construire que la station d'épuration ! Mais, en 1995, 81 % de la population était raccordée à un réseau d'égout et seulement 9 % devaient encore être raccordés[1].
— enfin, malgré l'obligation qui résulte du Code de la santé publique, beaucoup d'habitations ne sont *pas raccordées à l'égout*.

Pour toutes ces raisons, on considère qu'à peine la moitié de la pollution urbaine était, en France, collectée et épurée en 1996. Espérons que la directive européenne sur le traitement des eaux urbaines de mai 1991 dynamisera les pays qui sont restés en arrière[2]. En conformité avec cette directive, la loi française sur l'eau de 1992 prévoit que les villes ont

1. En effet, il ne faut pas s'évertuer à construire des égouts partout et on considère qu'un certain nombre d'habitations *à l'écart* (10 % de la population environ) ont intérêt à garder leurs fosses septiques individuelles, à condition qu'elles soient bien entretenues, ce qui n'est pas toujours le cas.

2. La France n'est pas le plus mauvais « élève » : ni Athènes, ni Milan, ni Bruxelles, capitale européenne, n'avaient de station d'épuration en 1998 !

désormais *l'obligation* d'assainir et d'épurer (obligation qu'elles n'avaient pas auparavant !).

2. **La pollution toxique.** — Celle-ci tue *directement*, par toxicité, contrairement à la pollution organique, qui, on l'a vu, tue par asphyxie. Elle est bien sûr exclusivement le fait de l'*industrie* et, notamment, de la chimie, de la mécanique et du traitement de surface des métaux. La chimie ne manque pas de produits toxiques et les multiples bains dans lesquels on trempe les métaux pour les décaper, les chromer, etc., ne sont guère amicaux...

L'une des grandes difficultés était d'ailleurs de trouver une *mesure* de la toxicité de produits si différents les uns des autres et le test « daphnie » fut mis au point dans ce but au début des années 1970[1].

En France, la pollution toxique industrielle a baissé de 77 % entre 1975 et 1996. Chaque usine est bien sûr un cas particulier : ici on a choisi une incinération des polluants, là une détoxication chimique. Soulignons seulement que le préalable est souvent de recycler l'eau au maximum, afin de n'avoir qu'un faible rejet, concentré, à traiter.

Cela étant, le test daphnie ne mesure que la toxicité *immédiate* et non la toxicité à long terme qui peut résulter des phénomènes d'accumulation. Certaines substances peuvent être *piégées dans les sédiments* et être libérées bien après s'être déposées. Pour d'autres substances, il peut y avoir *bioaccumulation*, certaines espèces vivantes concentrant la substance dans leur organisme et des phénomènes de concentrations successives apparaissant tout au long de la chaîne alimentaire.

C'est, notamment, le cas de « métaux lourds » (plomb, cadmium, mercure, qui font courir des risques neurologiques...), d'insecticides ou herbicides (notamment le fameux DDT), etc. Le

1. La daphnie est un minuscule crustacé d'eau douce. On dilue l'eau polluée jusqu'à ce qu'elle ne tue « que » 50 % des daphnies présentes. Plus il faut diluer l'eau, plus l'eau était donc toxique au départ.

phénomène de bioaccumulation (végétaux → petits animaux → poissons → mammifères) fut découvert, dans les années 1950, dans la baie japonaise de Minamata : un composé organique du mercure s'était finalement retrouvé en bout de chaîne dans des poissons et des crustacés mangés par l'homme ; beaucoup en moururent. Dans les années 1960, des pélicans américains moururent d'avoir mangé des poissons contaminés par du DDT. On a retrouvé dans certains organismes supérieurs des doses 100 000 fois supérieures à celles qui étaient présentes dans l'eau ! Beaucoup de ces composés non seulement *s'accumulent,* mais sont *persistants* dans l'environnement. Cette persistance est prouvée par le fait qu'en 1990, vingt ans après son bannissement, on retrouvait du DDT dans les lacs japonais.

Ces produits toxiques à long terme peuvent contaminer les eaux, soit *directement par rejet* dans l'eau, soit *par transport atmosphérique* sur de longues distances (certains des produits cités : les pesticides, ou le mercure, sont assez volatils), soit *par lessivage de sols* ou de végétaux contaminés (cas des pesticides). L'infiltration de pesticides agricoles dans les eaux souterraines est d'ailleurs devenue, au seuil des années 1990, un souci majeur pour les producteurs d'eau potable. Lorsque l'origine d'une pollution est à ce point *diffuse* (et non localisée dans quelques usines, ou quelques décharges de déchets dangereux), la solution passe par des réformes en profondeur des méthodes de production ou le bannissement des produits eux-mêmes (voir chap. V : « Produire propre »).

3. **Les « matières en suspension ».** — Les eaux peuvent être chargées de particules dues, soit à l'érosion naturelle, soit à des rejets artificiels des villes ou des industries. Les matières en suspension peuvent créer une pollution esthétique (trouble de l'eau), gêner la vie des poissons (introduction des particules dans les branchies) et certaines matières en suspension peuvent contribuer à la pollution organique ou à la pollution toxique évoquées ci-dessus. Au début de la décennie 1990, environ les trois quarts de ces matières en suspension étaient rejetés par les villes et un quart par l'industrie. Les rejets urbains et industriels ont d'ailleurs rapidement décru.

L'élimination de ces matières en suspension est en effet assez facile et se fait en général par simple *décantation* : elles tombent au fond d'un grand bassin (reste à évacuer les boues...). Toutes les stations d'épuration des villes comportent des décanteurs.

Mais les villes ont un problème croissant dû à la pollution des *eaux d'orage*. Celles-ci, lessivant sols, routes, toits et égouts, charrient en un bref laps de temps des quantités considérables de matières en suspension.

Dans certains pays (Allemagne, Danemark), les stations d'épuration, surdimensionnées, encaissent ce flot d'orage. En France, le flot, débordant, s'échappe encore souvent dans le milieu naturel par des « déversoirs d'orage »... Tout doit être fait pour ralentir le flot, par exemple en le stockant dans des bassins d'orage, ou en retenant l'eau dans des tronçons d'égouts (par des vannes gonflables), ou en laissant l'eau s'infiltrer (chaussées poreuses, puits et fossés d'infiltration). Ce freinage des eaux d'orage est une double nécessité : contre la pollution, mais aussi contre les inondations (Nîmes, 1988 ; Vaison-la-Romaine, 1992).

4. **Les matières nutritives (nitrates, phosphates).** — Les nitrates et les phosphates dans l'eau sont devenus un souci majeur. Il est assez curieux, *a priori*, que ces matières « nutritives » puissent être considérées comme une « pollution ». Elles sont, pourtant, responsables de *l'eutrophisation* des eaux des rivières lentes, des lacs, des mers (en grec, *eu-trophe* = bien nourri). En effet, un excès de nutriments favorise une prolifération, voire une « explosion » d'algues, qui bientôt se décomposent, en consommant d'énormes quantités d'oxygène. Sans oxygène, l'eau devient le siège de fermentations et de putréfactions. Le fond des lacs, les fonds marins meurent : *une mort par explosion de la vie* !

Il faut ajouter que le voile des algues superficielles peut priver le milieu aquatique de lumière et que certaines algues, notamment dans le milieu marin, peuvent être elles-mêmes toxiques. Ainsi, en 1988, une marée jaune d'algues toxiques a décimé, sur les côtes scandinaves, saumons et truites d'élevage. Un peu partout dans le monde, la mer, ces dernières années, en a vu de toutes les couleurs : marées vertes, rouges, jaunes, brunes ont, tour à tour, défrayé la chronique.

Les nitrates, pour leur part, ont un autre inconvénient, qui concerne *l'eau potable.* Celle-ci, normalement, ne devrait pas excéder 50 mg par litre de nitrates. En France, en 1995, 3 % de la population a subi un dépassement de norme, souvent pour une période courte. Les nitrates, en se transformant en nitrites, provoquent chez les nourrissons ou les fœtus des femmes enceintes une maladie du sang, la « maladie bleue » ; le point de savoir s'il y a production de nitrosamines cancérigènes est encore controversé[1].

D'où viennent nitrates et phosphates ? Les *phosphates,* en France, proviennent pour moitié des sources urbaines (dont les lessives[2], en forte régression depuis 1990, ne représentent plus que le quart) et pour moitié de sources agricoles et industrielles.

Les *nitrates*, quant à eux, proviennent essentiellement de l'agriculture (engrais) et de l'élevage intensif (déjections animales : les « lisiers »).

À vrai dire, dans *les eaux de surface*, les villes et les industries ont aussi une responsabilité dans la pollution par les nitrates (50 %, avance-t-on parfois) : les rejets urbains sont très chargés en azote (urine par exemple) et certaines usines (engrais, cokeries, pétrochimie) apportent aussi leur dose. Même si très peu de stations d'épuration éliminent pour l'instant l'azote, on y vient. Là aussi, d'autres bactéries, *dénitrifiantes*, et qui celles-ci n'ont pas besoin d'oxygène, transforment les nitrates en azote gazeux renvoyé à l'atmosphère[3], dans des bassins supplémentaires à la sortie des stations d'épuration.

Dans *les eaux souterraines,* l'agriculture et l'élevage entraînent une pollution importante, mais surtout *cumulative* et *persistante* des nappes. Le nombre d'élevages intensifs de porcs a été multiplié par 6 en

1. Certains légumes (céleris, épinards, betteraves, carottes) sont, cependant, une source bien plus importante de nitrates. Certaines charcuteries, conserves de viandes et poissons fumés sont, elles, une source de nitrites.

2. Les phosphates des lessives, ou leurs produits de substitution, contrecarrent l'action du calcaire, qui gêne le lavage.

3. Laquelle, rappelons-le, est essentiellement (à 78 % !) composée d'azote. Nous « baignons » dans l'azote !

moins de vingt ans en France et les doses d'azote apportées à l'hectare ont été multipliées par 2 à 3 en Europe entre les années 1960 et les années 1980. Le plus redoutable est que l'excès d'azote, qui s'infiltre par lessivage des sols, n'atteint souvent les nappes souterraines qu'après de nombreuses années. C'est dire que même si on arrêtait ou si on diminuait fortement *aujourd'hui* l'apport d'azote, les apports du passé continueraient à accroître la pollution de l'eau pendant des années encore. Certes on peut, à grands frais, dénitrifier l'eau potable par des moyens chimiques ou biologiques. On peut, aussi, abandonner les puits pollués par les nitrates et aller chercher l'eau beaucoup plus loin par aqueduc... Mais la sagesse voudrait qu'on soigne le mal à la source : guère de problème pour les élevages, établissements *ponctuels*, qui auront à traiter leurs lisiers comme les industries ont épuré leur pollution ; mais problème redoutable pour l'agriculture, source *diffuse* de pollution (voir chap. V, « Produire propre »).

5. **La pollution bactérienne.** — C'est celle dont les conséquences *sanitaires* sautent le plus vite aux yeux. Bien sûr, on l'a vu, l'eau qu'on boit est, dans nos pays, désinfectée. Il n'empêche que deux précautions valent mieux qu'une : c'est pourquoi la loi (Code de la santé publique) a prévu d'entourer nos puits d'eau potable de « périmètres de protection », dans lesquels un certain nombre d'agissements sont réglementés ou interdits, afin de profiter du *grand pouvoir épurateur du sol.* Au moins sommes-nous à l'abri des situations de jadis où puits perdu pour les déchets et puits d'eau potable cohabitaient dans la même cour...

Cela étant, si les risques pour les eaux de boisson sont pratiquement écartés (dans les pays industrialisés !), il subsiste deux autres risques bactériologiques : pour les *baignades*, et pour les *coquillages*.

Bien que certains scientifiques aient affirmé que l'eau de mer avait un pouvoir bactéricide puissant, il semble que cela ne soit pas vrai pour les streptocoques fécaux, ni pour les salmonelles, ni pour les virus. Il semble aussi qu'une pollution en matières organiques ou en matières en suspension puisse servir de support aux pollutions bactériennes. En tout cas, la pollution des plages d'une part, et des parcs à coquillages d'autre part, fait l'objet depuis longtemps d'une réglementation européenne et d'une surveillance. Chaque année, en France, le ministère de la Santé publie d'ailleurs une carte de pollution des plages (voir § 7 : « Les réseaux de mesure »). Environ 95 % des points étaient conformes aux normes en 1998.

La protection des eaux côtières contre la pollution bactérienne n'est pas facile, les stations d'épuration « classiques » n'arrêtant pas la pollution bactérienne. La chloration des rejets n'est pas forcément un bienfait pour le milieu marin. L'ozonation est meilleure mais coûteuse. Les techniques naturelles (lagunage étendu des eaux usées, arrosage du sol) sont beaucoup plus efficaces, faisant jouer à fond le pouvoir épurateur de l'air, du soleil et des sols !

6. **La pollution thermique.** — Une grande partie des eaux utilisées par les industries sont des eaux de refroidissement qui sont ensuite rejetées, chaudes. Quant aux centrales électriques, elles rejettent *inévitablement* de la chaleur, soit à l'atmosphère, soit à l'eau. Cet échauffement des eaux peut avoir deux conséquences :

— une conséquence directe sur la vie de certaines espèces végétales et animales ;
— une activité bactérienne plus intense et donc une plus forte consommation d'oxygène (on voit souvent, dans les périodes très chaudes, des poissons le ventre en l'air sur la rivière, asphyxiés, victimes d'un « coup de chaleur »).

7. **Les réseaux de mesure de la pollution de l'eau.** — *En eau douce*, la loi française sur l'eau de 1964 avait prescrit un « inventaire national de la pollution » pé-

riodique. Le *Réseau national de bassins* (RNB) comprend 1 500 points de mesure (il y a en général 12 prélèvements annuels en chaque point). Des cartes de qualité des cours d'eau sont disponibles au niveau national et, dans chaque bassin, auprès des agences de l'eau. Ces mesures confirment un recul de la pollution organique, azotée et phosphorée dans les grands cours d'eau, une détérioration de la situation des petits cours d'eau et une généralisation de la contamination par les toxiques.

Des prélèvements de *sédiments* des cours d'eau ou de certaines *mousses* aquatiques viennent de plus en plus compléter les prélèvements d'eau : les analyses qu'on peut faire sur des sédiments ou des mousses sont plus *stables,* moins *aléatoires* que dans une eau courante (on y recherche notamment les pollutions toxiques, qu'il s'agisse de métaux lourds, de pesticides, etc.). Plutôt que de faire de multiples analyses *chimiques* dans l'eau, on a aussi essayé de juger plus *globalement* de la santé d'un cours d'eau par la qualité et la quantité des êtres vivants, animaux ou végétaux, qui s'y trouvent : indice biotique, indice de qualité biologique général, indice diatomique, indice poissons.

Pour les eaux souterraines, le manque d'un réseau organisé de surveillance est apparu dans les années 1990. Le Réseau national de connaissance des eaux souterraines (RNES) se met en place. Il représentait 700 points de mesure de la qualité en 2000 et vise à en compter 1 500.

En mer, dans le cadre du *Réseau national d'Observation* (RNO), 43 sites sont suivis et les données sont transmises à l'IFREMER à Brest. Comme la pollution, on l'a vu, est d'origine essentiellement terrestre, l'attention se concentre sur les grands estuaires. Par ailleurs, un réseau de suivi de la qualité des eaux des ports maritimes (REPON) est opérationnel depuis 1999. En ce qui concerne les polluants toxiques, depuis la fin des années 1980, on mesure, non plus la pollution de l'eau elle-même, mais celle des *sédiments* et des *êtres vivants*, considérée comme plus représentative.

Une *surveillance spéciale des baignades* est organisée, conformément à la directive européenne de 1975. En France, le réseau est bien meilleur que dans d'autres pays (environ 1 850 points de mesure en *mer* et 1 550 points de mesure en *eau douce*) et l'information donnée au public est excellente (cartes annuelles de pollution et information sur internet). En 1998, 95 % des prélèvements étaient conformes en mer et 96 % en eau douce.

Enfin, *la pollution radioactive* fait l'objet en France d'un réseau de mesures spécial géré par l'*Office de protection contre les rayonnements ionisants* (OPRI), rattaché au ministère de la Santé. Les mesures de l'OPRI, dans les eaux de surface et souterraines, en mer et dans les effluents des installations nucléaires, sont accessibles par internet.

IV. — Réglementation et fiscalité

1. **Réglementation.** — En France, une loi-cadre sur l'eau avait été votée en 1964 et réexaminée en 1992. Néanmoins, cette loi a souvent laissé subsister des lois antérieures, d'où une réglementation foisonnante et complexe.

Retenons que :

— *Des normes pour différents usages de l'eau* ont été édictées entre 1975 et 1998 par la Communauté européenne (et reprises dans la législation française, notamment dans le Code de la santé publique) pour l'eau potable, l'eau de baignade, l'eau piscicole ou conchylicole, l'eau de rivière qu'on est autorisé à transformer en eau potable.

— *Les prélèvements d'eau* superficielle étaient jusqu'ici soumis à autorisation alors que, paradoxalement, les prélèvements d'eau souterraine n'étaient soumis à autorisation que dans une vingtaine de départements français. La loi sur l'eau du 3 janvier 1992 et le décret du 29 mars 1993 ont unifié la réglementation, en soumettant tous les prélèvements d'eau, soit à autorisation, soit à déclaration, en fonction de leur ampleur.

— *Les rejets de pollution,* en vertu de la même loi et du même décret, sont eux aussi soumis soit à autorisation, soit à simple déclaration, selon la quantité de pollution rejetée. La réglementation est plus stricte lorsque le rejet a lieu dans un cours d'eau de faible débit ou un plan d'eau, ou à proximité de zones sensibles (baignade, prise d'eau potable, élevage de coquillages). Il y a néanmoins des textes particuliers pour les rejets d'établissements industriels « classés » dangereux (décret du 21 septembre 1977 en vertu de la loi sur les installations « classées » de 1976), pour les rejets des installations de la défense nationale (décret du 30 novembre 1994), pour les immersions de déchets en mer (loi du 7 juillet 1976) ou pour les déversements *non* accidentels des navires (loi du 5 juillet 1983). La loi sur l'eau de 1964 a prévu de réglementer le rejet de certaines substances dangereuses, notamment en vertu d'une directive européenne de 1976 (mercure, cadmium, substances organiques, détergents). Elle a aussi prévu qu'on pourrait réglementer la mise en vente de certains produits dont l'épuration serait difficile (appliquée une seule fois pour imposer la biodégradabilité des détergents).

À propos des rejets de pollution, rappelons que la loi sur l'eau du 3 janvier 1992 *oblige* désormais les communes de plus de 2 000 habitants à épurer leurs eaux usées en 1998 ou 2005, selon leur taille ou la sensibilité du milieu récepteur, conformément à une directive européenne de mai 1991.

Tout serait à peu près simple si ne coexistaient pas d'autres textes visant les rejets susceptibles de nuire aux poissons d'eau douce (article L. 232-2 du Code rural), aux poissons marins (décret du 9 janvier 1852), aux élevages de coquillages (décret du 30 octobre 1935), aux puits d'eau potable (article L. 20 du Code de la santé publique) : notons que dans ces deux derniers cas, les textes instituent des *périmètres de protection* éloignant les rejets polluants des zones à protéger.

Enfin, une directive européenne de décembre 1991 sur les nitrates prévoit, notamment, des « plans d'action » définis par le décret du 4 mars 1996 (limitations de l'épandage des engrais et des lisiers d'élevages), dans les « zones vulnérables » définies par le décret du 27 août 1993.

Il faut souligner que la loi sur l'eau française, comme la législation européenne, ont consacré la notion d' « objectifs de qualité ». Les normes de rejet peuvent être modulées selon la fragilité du milieu dans lequel on déverse : tant il vrai que le même rejet n'aura pas le même effet dans la Scarpe ou dans le Rhône !

Notons enfin que nombre de conventions internationales, auxquelles la France est partie, engagent les pays signataires à réduire leurs rejets dans les lacs

(Léman), les fleuves (Rhin, Sarre-Moselle, Meuse-Escaut), les mers (mer du Nord, Atlantique-Nord-Est, Méditerranée), les montagnes (Alpes). D'autres conventions portent sur les rejets des navires en mer (MARPOL, 1973) ou sur l'immersion de déchets en mer (Londres, 1972).

2. **Fiscalité. Agences de l'eau.** — L'innovation majeure de la loi sur l'eau de 1964 avait été la création de six *agences de bassin*, recouvrant les six grands bassins hydrographiques français. Ces agences, désormais appelées *agences de l'eau,* font payer des *redevances* à ceux qui prélèvent ou polluent l'eau et, en contrepartie, aident financièrement ceux qui économisent l'eau, ceux qui vont la chercher plus loin ou ceux qui l'épurent. Ces redevances sont loin d'être symboliques comme les taxes parafiscales sur la pollution de l'air, sans pourtant coûter encore aussi cher que l'épuration elle-même. Les six agences ont ensemble un budget trois fois supérieur à celui du ministère français de l'Environnement[1] !

En outre, depuis l'an 2000, une taxe générale sur les activités polluantes (TGAP) est perçue par l'État sur les lisiers, sur l'extraction de granulats (matériaux de construction) dans les rivières, sur les produits phytosanitaires. Cette TGAP alimente, non pas le budget de l'environnement, mais celui de la sécurité sociale !...

Sur le plan fiscal, ajoutons que les entreprises bénéficient d'un régime favorable pour leurs investissements d'épuration, qu'il s'agisse de l'impôt sur les bénéfices ou de la taxe locale.

1. Les six agences de l'eau ont leur siège à Toulouse (Adour-Garonne), Douai (Artois-Picardie), Orléans (Loire-Bretagne), Lyon (Rhône-Méditerranée-Corse), Metz (Rhin-Meuse), Nanterre (Seine-Normandie).

Chapitre II

L'AIR

Chacun a en mémoire quelques images fortes : les hécatombes humaines survenues dans la vallée de la Meuse en 1930, à Donora aux États-Unis en 1948 ou à Londres en 1952 ; les forêts d'Europe centrale dénudées et décimées ; les ponts de métal ou les monuments de pierre rongés par la corrosion.

Telles sont, en effet, dans l'ordre, *les trois grandes victimes* de la pollution atmosphérique :

— *l'homme*, notamment son système respiratoire, avec des risques accrus pour les enfants, les personnes âgées et les personnes déjà atteintes de troubles respiratoires ;
— *les végétaux* ;
— *les matériaux* (pierres, métaux, peintures).

Cette pollution atmosphérique provient essentiellement de *trois grandes sources*, dans l'ordre :

— *les installations fixes de combustion* (chauffages domestiques, centrales électriques thermiques, chaudières industrielles) ;
— *les transports automobiles* ;
— certains *procédés de fabrication industriels*.

Certes, dire que l'industrie ne pollue guère serait contraire à la vérité. Même si des progrès considérables ont été faits, certains se souviennent des paysages blanchis autour des cimenteries, des procès qui ont opposé les agriculteurs du Béarn à des producteurs de gaz naturel (pour leurs rejets de gaz sulfureux), ceux de la Maurienne à des usines d'aluminium (pour leurs rejets de fluor) ou ceux du Nord - Pas-de-Calais à des usines de plomb-zinc (pour leurs rejets de métaux).

Certains se souviennent des poussières de la sidérurgie ou des odeurs dégagées par les usines de pâte à papier, les raffineries de pétrole, voire les usines agro-alimentaires. Beaucoup de ces souvenirs ont disparu[1], d'autres sont encore bien présents...

Pourtant, la grande source de pollution atmosphérique reste la *combustion* : qu'il s'agisse du chauffage industriel, du chauffage domestique ou de la pollution automobile, c'est bien elle qui est en cause, soit par les *impuretés* présentes dans le combustible ou le carburant (et qu'on retrouve à la sortie), soit par les *imbrûlés* (du fait que la combustion n'est pas complète), soit par les *oxydes d'azote* (du fait que l'air de combustion est à 80 % constitué d'azote !).

Jusqu'au début des années 1970, la pollution de l'air semblait exclusivement *un phénomène local*, se manifestant surtout près des sources de pollution : en ville à cause des chauffages et des automobiles, et près de certaines industries. On expliquait d'ailleurs que les conséquences locales d'une pollution varient énormément en fonction de facteurs topographiques (gare aux cuvettes !) ou météorologiques locaux.

De ce fait, toutes les actions qui consistaient à éloigner et à mieux disperser les polluants semblaient efficaces (élévation de la hauteur des cheminées, vitesse de sortie des gaz de la cheminée plus importante).

Mais les décennies 70 et 80 ont fait découvrir que la pollution atmosphérique pouvait agir à longue distance à plusieurs milliers de kilomètres : l'acidification et la mort des lacs scandinaves ou canadiens, la mort des forêts par les « pluies acides » en ont été les témoins (voir § II). La convention de Genève (1979) sur *les pollutions de l'air transfrontalières* consacrait cette prise de conscience.

1. Comment ne pas citer, par exemple, la performance des cimenteries qui, de 1960 à 1990, ont diminué leurs rejets de poussières de 99 %, ou celle des usines d'aluminium qui ont diminué leurs rejets de fluor de 98 % !

À une échelle plus globale encore, on découvrait que certains gaz polluants avaient *une action planétaire*, par exemple en raréfiant l'ozone de la stratosphère ou en réchauffant l'ensemble de la terre (voir § III et IV).

Inversement, on s'intéresse aussi beaucoup plus, depuis peu de temps, à la pollution dont nous serions victimes à *l'intérieur des bâtiments ou des véhicules*, dans lesquels, il est vrai, nous passons plus de 80 % de notre temps ! Certes, les pollutions professionnelles, dans certaines usines, étaient connues depuis longtemps. En revanche, on semble seulement découvrir que les pollutions respirées dans les atmosphères confinées de nos maisons, de nos bureaux ou de nos voitures pourraient être beaucoup plus nocives que celles que nous respirons à l'extérieur (voir § V).

La pollution atmosphérique, c'était, hier, la rue. Aujourd'hui c'est aussi, à plus grande échelle la planète, à plus petite échelle notre maison. En somme, tout notre *écosystème*.

I. — Les différents polluants (leurs origines, leurs conséquences, leur évolution)

1. **Le SO^2 (dioxyde de soufre).** — Le SO^2 a été longtemps considéré comme le polluant majeur de l'atmosphère, aggravant les troubles respiratoires et attaquant, du fait de son acidité, les végétaux[1], la vie aquatique et les matériaux. Dans les pays industrialisés, le SO^2 provient surtout de *la combustion* de charbon, de lignite ou de fioul. Il s'agit d'ailleurs, pour cette raison, d'une pollution surtout hivernale.

Cependant, les politiques d'économie d'énergie, l'accroissement relatif du gaz naturel et de l'énergie nucléaire ou même dans certains pays du charbon (trois fois plus pauvre en soufre que le fioul), les régle-

1. L'effet du SO^2 sur les végétaux n'est pas seulement dû à l'acidité. En effet le SO^2, au-delà d'un certain seuil, inhibe la photosynthèse (c'est-à-dire l'absorption de CO^2 par les plantes).

Tableau 1. — **L'origine des polluants en France en 1997** (en %)

Polluants	*Production et distribution d'énergie* (1)	*Transports routiers*	*Industries* (2)	*Logements, bureaux, commerces*
Oxyde de soufre (SO^2)	**49**	6	33	10
Oxydes d'azote (NOx)	7	**51**	17	6
Oxyde de carbone (CO)	0	**48**	22	20
Composés organiques volatiles (COV)	5	**34**	25	16

(1) Production d'électricité, raffinage du pétrole, distribution du gaz, fours à coke, réseaux de chauffage urbain.

(2) Procédés de fabrication et chaufferies des industries.

mentations de plus en plus sévères sur la teneur en soufre des combustibles et carburants (notamment dans certaines zones, voir § VII), la désulfuration des installations de combustion, toutes ces mesures ont engendré *une forte baisse du* SO^2.

En France, par exemple, les émissions de SO^2, après avoir culminé en 1973, ont été réduites de 76 % entre 1980 et 1997. La plupart des pays industrialisés ont connu des baisses analogues, voire plus importantes encore, notamment au Japon. Il faut cependant noter que les raisons de la baisse des émissions de SO^2 varient beaucoup d'un pays à l'autre : si la France a fortement misé sur l'énergie nucléaire, l'Allemagne (de l'Ouest) est parvenue à un score analogue essentiellement par la désulfuration de ses installations de combustion.

En conséquence, malgré des dépassements encore fréquents des normes admises, les concentrations en SO^2 observées dans la plupart des villes occidentales ont assez fortement chuté : Paris et Londres sont trois fois moins polluées qu'il y a quinze ans !

2. **Les oxydes d'azote (NOx).** — Les oxydes d'azote auraient eux aussi des effets (mal connus d'ailleurs) sur la respiration humaine. En outre leur effet sur les végétaux serait double : soit comme *acide*, comme le SO^2 (et donc coresponsables des « pluies acides »), soit comme *oxydant* et, à ce titre, précurseurs de la pollution photo-oxydante : celle-ci (voir § 6) serait une autre cause de dépérissement des forêts et serait également responsable des fameux *smogs* constatés dans certaines grandes villes (brumes irritantes pour les yeux et le système respiratoire).

Contrairement au SO^2, essentiellement produit par les installations *fixes* de combustion, les oxydes d'azote proviennent, pour plus de 50 %, des *transports automobiles*. Ceci explique que la France tire plutôt mieux son épingle du jeu que l'Amérique du Nord, mais ceci explique aussi que les rejets aient *peu diminué* dans la plupart des pays occidentaux (en France, diminution de 19 % entre 1980 et 1997). La Communauté européenne ne s'est en effet attaquée à la pollution azotée automobile qu'au début des années 1990[1] !

La persistance des rejets a bien sûr fait que les concentrations d'oxyde d'azote dans l'air de nos villes ne se sont guère améliorées ces dernières années.

3. **L'oxyde de carbone (CO).** — L'effet de l'oxyde de carbone est hélas tristement connu : se combinant à l'hémoglobine du sang, il empêche celui-ci de transporter l'oxygène. À forte dose, l'asphyxie est mortelle. À plus faibles doses, il peut entraîner des maux de tête, des vertiges, des troubles sensoriels et peut, par ailleurs, accumuler les lipides dans le sang et de ce fait boucher les artères.

Comme les oxydes d'azote, l'oxyde de carbone est

1. Heureusement les installations *fixes* de combustion, par exemple les centrales électriques thermiques avaient, elles, réduit leur pollution azotée, grâce notamment à l'abaissement des températures de combustion (les fortes températures de combustion engendrent les oxydes d'azote).

avant tout, dans nos pays occidentaux, *une pollution de l'automobile* (à environ 50 %) et, plus précisément, des voitures à essence (un véhicule diesel émet 10 à 20 fois moins de CO).

Cela étant, et contrairement à la pollution azotée, les rejets d'oxyde de carbone enregistrent une *baisse continue* depuis de nombreuses années. En France, la baisse a été de 48 % de 1980 à 1997, due à plusieurs raisons : meilleur réglage et moindre consommation des voitures, accroissement spectaculaire du nombre de véhicules diesel et, peut-être, meilleure régulation des circulations urbaines.

Toujours est-il que cette baisse des émissions se traduit par une baisse de la concentration de CO dans nos centres-villes. Les nouvelles normes européennes pour l'automobile, en vigueur au début des années 1990, accéléreront ce phénomène, ainsi, peut-être, que l'avènement en ville de la voiture électrique, si long à venir...

Une telle dépollution est atteinte en munissant les voitures à essence d'une part d'une *injection électronique* (permettant une meilleure combustion par un meilleur dosage du carburant), d'autre part de *pots catalytiques* (permettant de parfaire, grâce à un « catalyseur », la combustion des gaz d'échappement avant leur sortie). Cependant les constructeurs automobiles ne désespèrent pas de mettre au point des moteurs *intrinsèquement propres*, qui éviteraient cette sorte de « station d'épuration » finale (et fragile) qu'est le pot catalytique.

4. **Le plomb.** — La toxicité du plomb est bien connue : facteur de troubles nerveux, notamment chez les enfants, mais aussi facteur d'anémie, le plomb perturbant la synthèse d'hémoglobine dans le sang.

Le plomb était lui aussi typiquement un produit de la civilisation automobile et des voitures à essence : le plomb-tétraéthyle servait d'additif aux essences pour améliorer leur « indice d'octane », c'est-à-dire, en pratique, pour empêcher le cliquetis des moteurs.

Mais on peut presque, déjà, parler de cette pollution au passé. En effet, la réglementation européenne a interdit la commercialisation de l'essence plombée depuis janvier 2000 (après avoir abaissé pendant quinze ans le taux de plomb dans l'essence). *L'essence sans plomb* est d'ailleurs devenue une nécessité, non seulement pour des raisons de santé, mais aussi parce que le plomb est un « poison » pour le catalyseur des fameux « pots d'échappement catalytiques », lesquels se généralisent sur les voitures pour éliminer *les autres* polluants.

De ce fait, le plomb aurait chuté de plus de 80 % aux États-Unis depuis 1975. En Europe et en France, la chute aura commencé plus tard, mais elle est d'ores et déjà très sensible (– 72 % de 1990 à 1997).

5. **Les particules (poussières, aérosols, fumées noires).** Ce fut, longtemps, la pollution atmosphérique la plus visible. Dès 1273, le roi d'Angleterre Édouard Ier s'attaquait par ordonnance aux « fumées » du charbon.

Nous inhalons chaque jour des particules de toute nature, notamment celles qui ont une dimension inférieure au centième de millimètre, qui pénètrent alors dans la cage thoracique et même, si elles sont plus fines, jusqu'aux alvéoles pulmonaires.

L'effet de ces particules peut être de plusieurs natures : irritantes (celles qui sont acides), fibrosantes (l'amiante ou la silice déchirent les tissus), allergènes (certaines poussières naturelles, par exemple des spores fongiques), cancérigènes ou mutagènes (produits chimiques organiques, poussières radioactives...).

Beaucoup de « poussières » sont d'origine naturelle (volcans, embruns marins, pollens...), d'autres sont d'origine humaine en zone urbaine ou industrielle et sont dues surtout aux procédés de *fabrication industrielle* et aux *véhicules*.

La pollution des *procédés de fabrication industrielle* (sidérurgie, métallurgie des métaux non ferreux, industrie des engrais, fabrication de matériaux de construction et chantiers) a cependant beaucoup diminué en France au cours des deux dernières décennies grâce à des techniques de dépoussiérage diverses : par décantation (les poussières tombent), par arrosage des fumées, par filtration, par attraction électrique des poussières.

Celle des *installations de combustion* a également fortement diminué grâce, là aussi, au dépoussiérage des centrales thermiques ou, dans certains pays comme la France, à l'accroissement du nucléaire ou du gaz naturel.

En revanche la pollution des *véhicules* a doublé, du fait de la hausse du trafic et de la part croissante des véhicules diesel. Cependant les normes adoptées en 1990 par la Communauté européenne pour les voitures diesel et pour les camions devraient inverser la tendance. On y parviendra en installant des filtres à particules sur l'échappement de ces véhicules.

6. **Les hydrocarbures et solvants (composés organiques volatils : COV). La pollution par l'ozone.** — Les composés organiques volatils comprennent une grande variété de substances chimiques organiques, notamment les hydrocarbures, dont les effets pourraient être multiples, sur la santé (toxiques, irritants, cancérigènes ou mutagènes) mais aussi comme précurseurs, eux aussi, des *pollutions photo-oxydantes* déjà évoquées au § 2 : en présence de la lumière du soleil, les composés organiques volatils réagissent avec les oxydes d'azote et produisent de *l'ozone* ou d'autres puissants oxydants[1]. Cette pollution photo-oxydante (qui a donné lieu aux fameuses brumes brunâtres californiennes, le *smog*) a un triple effet : sur la santé (troubles respiratoires, maux de tête, irritations des yeux), sur les végétaux (notamment sur les forêts) et sur les matériaux. À noter aussi que beaucoup de ces composés sont responsables *d'odeurs*, qui sont l'une des manifestations les plus sensibles de la pollution atmosphérique.

Les sources *naturelles* de COV sont évidemment fort nombreuses (forêts, zones humides, rizières, animaux ruminants...) et prédominantes dans certaines régions du globe. Pour le reste, les COV proviennent en France de trois sources principales : les *transports automobiles*, l'utilisation domestique ou industrielle de *peintures et de solvants*, les *stockages d'hydrocarbures*.

1. L'excès d'ozone au ras du sol est nocif, tandis que la raréfaction de l'ozone dans la haute stratosphère est préoccupante (voir § III de ce chapitre).

En ce qui concerne *la pollution automobile*, il peut s'agir d'hydrocarbures imbrûlés dans les gaz d'échappement. Les hydrocarbures imbrûlés sont pour cette raison, avec les oxydes d'azote et l'oxyde de carbone, l'un des trois polluants visés par les nouvelles normes de la CE sur les voitures et les camions en vigueur depuis le début des années 1990. L'injection électronique, complétée par un « pot catalytique » à la sortie, permet de les brûler plus complètement. Cependant, les automobiles perdent aussi des hydrocarbures *par évaporation*, dans le réservoir à essence, ou au moment du remplissage. La réglementation américaine impose d'ores et déjà sur les véhicules des « boîtes » de récupération des hydrocarbures volatilisés.

En ce qui concerne *les peintures et solvants*, une première action consiste à modifier la composition des produits domestiques, par développement des peintures à l'eau notamment[1]. Dans l'industrie (peintures automobiles, imprimeries sur papier ou sur métal), des efforts importants doivent être réalisés : soit en choisissant, là aussi, de nouvelles peintures, soit en améliorant leur mode d'application (rouleau, ou application électrostatique), soit en recyclant ou en détruisant les rejets de solvants. Une directive européenne du 11 mars 1999 réglemente la consommation et les rejets industriels de solvants (objectif : les diminuer de 67 % en neuf ans).

Enfin, *les grands réservoirs d'hydrocarbures* de l'industrie pétrolière sont soumis en France, depuis un arrêté de 1986, à une nouvelle réglementation leur imposant, notamment, la mise en place de « toits flottants ». Par ailleurs, une directive européenne du 20 décembre 1994, réglemente les COV émis par *le stockage du pétrole et sa distribution,* depuis les terminaux jusqu'aux stations-service, en passant par les camions-citernes (dans une première étape, cette directive ne vise pas les opérations de ravitaillement des véhicules dans les stations-service).

En ce qui concerne les mesures de la qualité de l'air ambiant, beaucoup de stations mesurent les hydrocarbures et l'ozone. Dans tous les pays de l'OCDE, les pointes d'ozone sont encore très fréquentes notam-

1. La France avait accusé un retard sur l'Allemagne, ou sur les États-Unis (où les peintures sans solvant représentaient déjà, au seuil des années 1990, plus de 90 % du marché « grand public »). À vrai dire, les peintures à l'eau avaient gardé en France une mauvaise image depuis les pénuries qui avaient suivi la dernière guerre mondiale : « la peinture à l'huile c'est plus difficile, mais c'est bien plus beau que la peinture à l'eau », disait une célèbre chanson. Techniquement parlant, la difficulté est de faire des peintures à l'eau *brillantes*.

ment en cas de conditions atmosphériques exceptionnelles (rappelons que température, ensoleillement et haute pression atmosphérique sont des « ingrédients » de la pollution photo-oxydante).

7. **Polluants dangereux en faible quantité.** — Contrairement aux six polluants majeurs et si l'on peut dire « classiques » que l'on vient d'étudier, d'autres substances, parfois présentes seulement à l'état de traces, sont émises en faibles quantités par une grande diversité d'autres sources : fabrications industrielles, installations de combustion, véhicules, traitement des pollutions et des déchets, etc.

On peut distinguer quatre grandes catégories de polluants toxiques *« en trace »* :

— des *métaux* ;
— des *composés chimiques organiques* ;
— des particules ou gaz *radioactifs* (voir ci-après, § 8) ;
— des *fibres* (telles que l'amiante).

Par ingestion, inhalation ou contact cutané, les conséquences de ces polluants peuvent être très diverses pour l'homme : toxicité (troubles sanguins, nerveux, respiratoires, hormonaux, rénaux...), risques de cancer, de malformations congénitales, etc. Aux risques pour l'homme peuvent s'ajouter des risques pour l'environnement, en cas de persistance et de bioaccumulation de certaines substances (métaux lourds, pesticides...)[1].

Quelques législations, assez rares, tentent de contrôler les rejets dans l'atmosphère de ces multiples substances dangereuses, soit carrément en *bannissant certains produits*, soit en *réglementant les procédés de fabrication*. À vrai dire, il s'agit là de tout un « monde » bien peu exploré et qui pose le problème d'une meilleure connaissance de la toxicité et de l'écotoxicité de beaucoup de produits chimiques et du con-

1. Voir chapitre I (« L'eau »), § III, 2.

trôle de leur mise sur le marché (voir chap. V : « Produire propre »).

8. **Pollution radioactive.** — L'essentiel de la radioactivité atmosphérique a, on le sait, une cause naturelle, en provenance du sol (notamment au-dessus des terrains granitiques) ou de l'espace (rayons cosmiques).

Cependant une radioactivité artificielle est venue s'y ajouter, notamment lorsque les essais américains ou soviétiques de bombes atomiques dans l'atmosphère se déroulaient encore au début des années 1960. Depuis leur arrêt, la radioactivité de l'air n'a cessé de baisser.

L'accident de Tchernobyl, survenu le 26 avril 1986 en Ukraine, à seulement 2 000 km de la France, a occasionné pendant cinq jours une pointe importante de radioactivité, mais qui est restée très inférieure aux limites réglementaires. Dès 1987, on avait retrouvé, dans l'air et dans les eaux de pluie, le niveau d'avant Tchernobyl.

Outre les conséquences des accidents de type Tchernobyl, un contrôle attentif des rejets gazeux « habituels » des installations nucléaires s'impose : celles-ci doivent respecter, en France, une réglementation spéciale (le décret du 6 novembre 1974).

II. — La « mort » des forêts

Il serait impossible de passer sous silence le phénomène de la « mort des forêts », tant il a frappé l'imagination au cours de la décennie 80.

Certes on savait que la pollution soufrée, ou fluorée, pouvait endommager, à proximité, des forêts. Certes on savait la dévastation de vastes forêts d'Europe centrale (notamment dans le « triangle noir » Saxe-Silésie-Bohême). Certes on savait aussi, depuis longtemps, qu'à longue distance l'eau des lacs (au Canada, en Scandinavie) pouvait s'acidifier au point de tuer toute vie.

On savait et même on avait déjà décidé d'agir contre les pollutions transfrontalières à longue distance par la convention de Genève (Commission économique pour l'Europe de l'ONU) de 1979.

Cependant, un mouvement d'opinion brutal et considérable allait secouer l'Allemagne et donner à la « mort des forêts » un retentissement sans précédent : en 1984, le gouvernement allemand chancelle parce qu'on doit construire une centrale thermique en Basse-Saxe et, la même année, 200 000 personnes défilent dans Munich pour sauver leurs forêts.

Depuis 1986, l'ONU-CEE fait, chaque année, une enquête sur l'état des forêts, qui porte aujourd'hui sur 32 pays européens. Cette enquête montrait qu'en 1997, 25 % des arbres étaient « endommagés » (cela signifiant une chute d'au moins 25 % des feuilles ou des aiguilles)[1] et que le phénomène s'était plutôt aggravé (13 % endommagés en 1988). Cependant les comparaisons entre pays ou d'une année à l'autre sont fort difficiles[2].

Les avis sur les *causes* de ces dommages restent partagés. La pollution de l'air est assurément prépondérante en Europe centrale mais, dans d'autres pays (dont la France), d'autres causes prédominent : le climat (sécheresse, vent, gel), l'état des sols, l'âge des arbres, les insectes, les champignons, les mauvaises pratiques sylvicoles.

En ce qui concerne la pollution de l'air, les principaux polluants acides incriminés sont le SO^2 (voir § I.1 ci-dessus), les NOx (voir § I.2 ci-dessus) et l'ammoniac (qui provient de l'agriculture et des éle-

1. Il y a en revanche très peu d'arbres *morts* (0,2 % en France). L'expression « mort des forêts », imagée, est sans doute excessive...

2. Les pertes foliaires sont appréciées *visuellement* et les méthodes d'observation diffèrent d'un pays à l'autre ou au cours du temps. En France, par exemple, l'enquête indiquait 7 à 8 % d'arbres endommagés de 1988 à 1994 mais le pourcentage est monté à 25 % en 1997, cela dû essentiellement à des changements de méthode !...

vages et dont la part relative est croissante)[1]. Ces pollutions acides peuvent avoir un effet, soit *direct* sur les arbres et leur feuillage, soit *indirect* via le sol. Cependant, les sols peuvent être plus ou moins sensibles. Les sols calcaires, par exemple, neutralisent les pollutions acides. Il paraît donc légitime de *différencier* les efforts à accomplir sur les rejets polluants acides, selon la nature du sol où cette pollution risque d'« atterrir », selon la *charge critique* que le sol peut supporter.

Cette différenciation des efforts est très nouvelle et ressemble à celle qui a été mise en œuvre en matière d'eau avec les « objectifs de qualité » (voir chap. I, « L'eau », § IV.1). Au départ, en 1985, la convention de Genève avait par exemple imposé, pour le SO^2, une réduction *uniforme* pour tous les pays. Lors de la révision du protocole sur le SO^2, en 1994, des efforts *différenciés* furent imposés aux pays selon les « charges critiques » acceptables par les sols.

La convention de Genève a porté ses fruits. On estime qu'entre 1985 et 2000 les surfaces où les charges critiques sont dépassées auront été réduites de 40 %, surtout, d'ailleurs, grâce à la réduction spectaculaire des rejets de SO^2 (– 62 % en moyenne en vingt ans !)[2].

III. — Le « trou » d'ozone

1. **Une certitude scientifique.** — L'ozone présent en haute altitude dans la stratosphère nous protège des rayons solaires ultraviolets[3]. Chacun sait que ces

1. D'autres pollutions, non acides, celle de l'ozone notamment (voir § I.6 ci-dessus), menacent également les forêts.

2. Outre cette action *préventive* sur la diminution des rejets, des actions *curatives* peuvent être menées : l'Alsace a, par exemple, mis en œuvre un vaste programme d'apport de calcium sur les sols des forêts vosgiennes, afin de neutraliser les dépôts acides.

3. L'ozone est présent à toute altitude, de 10 km jusqu'à 70 km, mais la concentration maximale s'observe à environ 25 km d'altitude.

rayons sont dangereux pour l'homme (cancers de la peau, troubles de la vue). Ils le sont aussi pour les animaux, les végétaux (ralentissement de la photosynthèse) ou le plancton marin.

On découvrit vers 1979 que cet ozone se raréfiait, au-dessus du continent antarctique, à chaque printemps austral (pendant plusieurs mois à partir de la fin août). À la fin des années 1990, cette réduction atteignait 60 % ! Très vite, la *quasi-totalité* de la communauté scientifique accusa des produits chimiques chlorés, les CFC (chloro-fluoro-carbones). On comprit très vite aussi pourquoi le « trou » s'était d'abord manifesté au-dessus du continent antarctique[1]. Un phénomène analogue, mais de moindre ampleur, a été constaté au-dessus du pôle Nord et une déperdition d'ozone (– 16 % entre 1980 et 2000) a également été observée au-dessus des régions de moyenne latitude (seules les régions tropicales et équatoriales ont été pour l'instant épargnées).

2. **Le bannissement des CFC.** — Les CFC étaient utilisés dans quatre secteurs : dans les bombes aérosol (25 %), comme fluides de réfrigération (30 %), dans les mousses plastiques (25 %), comme solvants (20 %)[2]. Les CFC avaient jusqu'ici tout pour plaire : non inflammables, non toxiques pour l'homme, très stables, peu coûteux..., jusqu'à ce qu'on découvre leur responsabilité dans le trou d'ozone et, aussi, dans l'effet de serre (voir § IV ci-après). Les halons (composés bromés utilisés dans les extincteurs), le tétrachlorure de carbone (solvant et extincteur), le chloroforme de

1. Les nuages stratosphériques de *glace*, qui se forment aux très basses températures du pôle Sud (– 85 °C), catalysent la transformation des CFC stables en chlore actif et destructeur de l'ozone.

2. Il s'agit là des chiffres *mondiaux* de 1989 (l'utilisation pour les aérosols avait déjà fortement baissé depuis plusieurs années, du fait de leur interdiction, dès 1978 par les États-Unis, puis par le Canada et la Norvège).

méthyle (solvant) et le bromure de méthyle (fumigène insecticide) furent aussi incriminés.

La quasi-unanimité de la communauté scientifique amena très vite la communauté politique mondiale à signer en 1987 un accord, le protocole de Montréal, révisé à Londres en 1990, puis à Copenhague en 1992, bannissant la production en l'an 1994 des halons, et, en l'an 1996, des CFC[1], du tétrachlorure de carbone[1] et du chloroforme de méthyle.

La difficulté, comme toujours, est de trouver des produits de substitution inoffensifs[2].

L'autre difficulté, politique celle-ci, a été d'associer les pays en voie de développement à la signature du protocole de Montréal. Ceux-ci ne souhaitaient pas être condamnés à passer d'emblée à des substituts plus coûteux. Leur accord n'a été obtenu en 1990, à Londres, que grâce à la création d'un *Fonds d'aide* de plusieurs centaines de millions de dollars, géré par la Banque mondiale et l'ONU, alimenté par les pays riches et au profit des pays peu développés, notamment l'Inde et la Chine.

Enfin, même si on peut se féliciter de la rapidité des décisions prises, celles-ci n'auront pas d'effet immédiat sur la reconstitution de la couche d'ozone, car la durée de vie des CFC est de plusieurs dizaines d'années !

1. Dès 1995 dans l'Union européenne (règlement du 30 décembre 1992).

2. Les premiers substituts lancés, les HCFC (qui se dégradent rapidement et n'atteignent pas la stratosphère) ou les HFC (sans chlore), ne sont pas une panacée. Leurs effets toxiques sont mal connus et les HFC, qui protégeraient radicalement la couche d'ozone puisque sans chlore, ont un effet de serre plus marqué que les HCFC. En tout état de cause, la suppression des HCFC est déjà programmée. Les solutions seront donc sans doute à rechercher ailleurs. Par exemple, un fabricant américain de réfrigérateurs relance le moteur Stirling (marchant à l'hélium, gaz inoffensif), inventé en... 1816 !

IV. — L'« effet de serre »

1. **Certitudes et incertitudes.** — Notre terre reçoit les radiations solaires. Mais la surface de la terre réémet des radiations infrarouges qui, dans leur chemin vers l'espace, sont « piégées » par notre atmosphère et la réchauffent... Les responsables de ce piégeage sont certains gaz contenus en quantités infimes dans l'atmosphère : vapeur d'eau, gaz carbonique (CO^2), méthane, CFC (voir paragraphe précédent), protoxyde d'azote sont les principaux « gaz à effet de serre ».

Il est désormais *certain* que l'accroissement de CO^2, de méthane, des CFC... entraîne un réchauffement progressif de l'atmosphère, risquant de *modifier les climats* et de *relever le niveau des mers.*

Mais que d'inconnues encore sur *la vitesse* de ce réchauffement :

— La moitié du CO^2 produit est absorbée *actuellement* par les océans, ce qui retarde le phénomène, mais les mers ne seront-elles pas bientôt saturées ?

— Le réchauffement augmente l'évaporation de l'eau, mais cette vapeur d'eau supplémentaire dans l'atmosphère amplifiera l'effet de serre : n'y a-t-il pas risque d'accélération, voire d'emballement du phénomène ?

— Le rôle des nuages est encore bien mal évalué.

Que d'inconnues aussi sur *les effets* de ce réchauffement :

— Tous les experts s'accordent pour estimer que la température *globale* de la planète augmenterait de 2 à 5° d'ici la fin du XXIe siècle si on laissait les choses en l'état. Mais les répercussions climatiques sur chaque *région* du globe sont bien plus incertaines[1]. *L'impact sur l'agriculture et la sylviculture* est donc difficile à mesurer.

— *L'élévation du niveau des mers* résultant de l'augmentation de température est, aussi, difficile à prévoir. L'essentiel de

1. Il est de mieux en mieux établi que le réchauffement sera plus sensible dans les régions de haute latitude, pendant les hivers et les nuits. L'évolution des précipitations est incertaine : certaines régions pourraient devenir plus sèches, d'autres plus humides. On craint enfin une accentuation de la fréquence et de l'intensité des phénomènes climatiques extrêmes (sécheresses, inondations, cyclones, etc.).

l'élévation proviendrait de *la dilatation des océans* et de *la fonte des glaciers de montagne*. Contrairement à une idée reçue, la fonte des glaces polaires, du *Groenland* ou du *continent antarctique*, serait relativement faible[1]. Cependant, on estime que ce relèvement pourrait être de 20 cm à 1 m à la fin du XXIe siècle si on laissait les choses en l'état. Or la moitié de la population mondiale vit près des côtes : il en résulterait inondations, disparition des zones humides à grande valeur écologique (voir chap. VI), salinisation des eaux souterraines, nécessité de déplacer ou de protéger toutes les installations urbaines, industrielles ou portuaires côtières, etc.

2. Les solutions : le défi énergétique.

Bien qu'ils aient été naguère de gros responsables de l'effet de serre, on ne s'attardera guère sur les CFC, puisqu'il y a bon espoir, on l'a vu ci-dessus, que les CFC aient bientôt totalement disparu de la circulation. En ce qui concerne le protoxyde d'azote N^2O, sa contribution semble assez faible (5 % dans le monde) et sa diminution est étroitement liée au moindre (ou meilleur) usage des engrais azotés (voir chap. V : « Produire propre »). Enfin, en ce qui concerne le méthane (15 à 20 % de l'effet de serre mondial), la suppression des fuites lors de l'extraction de charbon ou de gaz ou lors du transport du gaz semble à portée de main, de même qu'une meilleure récupération du « biogaz » dans nos décharges de déchets ; les émanations, importantes, en provenance des rizières ou des ruminants sont un tout autre problème...

L'enjeu essentiel est assurément de réduire le CO^2, responsable pour les deux tiers de l'effet de serre. Ce CO^2 est dû, pour 15 à 30 %, à la déforestation[2] et, pour le reste, à la combustion des combustibles fossiles (charbon, pétrole, gaz). L'arrêt de la déforesta-

1. La plupart des experts pensent même qu'un réchauffement au-dessus de l'Antarctique permettrait qu'il y neige (actuellement il fait trop froid) : cette neige viendrait au contraire renforcer la glace antarctique !

2. Contrairement à une idée reçue, les forêts ne sont pas un « piège à CO^2 » : certes la photosynthèse absorbe le CO^2, mais ensuite, la respiration des plantes d'une part et la mort puis la décomposition des végétaux d'autre part en rejettent autant qu'il n'en a été absorbé. Cependant la déforestation est néanmoins une cause *temporaire* d'apport supplémentaire de CO^2 : quand on coupe la forêt, d'une part c'est souvent pour brûler du bois de chauffage (voir chap. VI, « La nature »), d'autre part la décomposition des détritus végétaux se poursuit.

tion sera évoqué au chapitre VI (« La nature »). On n'examinera donc ici que le CO^2 dû à la combustion (dont 35 % pour la production et la distribution d'énergie, 30 % pour l'industrie, 20 % pour les transports, 15 % pour les bâtiments[1]).

Les moyens, à court ou à long terme, ne manquent pas :

— D'abord *économiser l'énergie* : en quinze ans, depuis le premier choc pétrolier, la France a économisé 15 % de son énergie, mais exclusivement dans l'industrie et les bâtiments, pas dans les transports (dont les rejets de CO^2, au contraire, augmentent). Partout dans le monde, l'accroissement du trafic automobile et l'explosion du transport routier de marchandises semblent ignorer le défi énergétique mondial. La diminution du poids des véhicules et de leur consommation est encore bien faible ! Le rail recule devant la route et le transport combiné route-rail des marchandises progresse peu[2]. Les transports en commun urbains piétinent !

En dehors des transports, le bâtiment doit poursuivre son effort d'isolation et l'industrie doit recycler au maximum les biens qui ont nécessité beaucoup d'énergie lors de leur fabrication. Enfin la « cogénération » (utilisation *simultanée* d'électricité et de chaleur) doit être développée[3].

1. Il s'agit des chiffres mondiaux. Les chiffres français sont très différents (12 % pour la production et la distribution d'énergie, 22 % pour l'industrie, 27 % pour les transports, 24 % pour les bâtiments). L'essentiel de la différence provient de l'importance de l'électricité nucléaire en France.

2. Dans les pays de l'Union européenne, de 1980 à 1997, le transport de marchandises par rail baissait de 22 %, pendant que le transport routier progressait de... 82 % ! En France, on transportait, en 1997, 4 fois plus par route que par rail. Aux États-Unis au contraire, le transport ferroviaire reste prédominant.

3. En vertu du principe de Carnot, toute production d'énergie doit *obligatoirement* rejeter de la chaleur. Celle-ci est souvent perdue (à l'atmosphère, en rivière ou en mer). Une plus grande proximité entre les centrales électriques et les villes ou usines consommatrices de chaleur (chauffage urbain, etc.) éviterait ce gaspillage.

— *Développer les productions d'énergie rejetant moins de CO^2* : amélioration du rendement des centrales électriques thermiques, remplacement du fioul ou du charbon par du gaz naturel (30 à 40 % de CO^2 en moins[1]), production d'électricité nucléaire (si les risques – voir chap. V – et les déchets – voir chap. IV – en sont maîtrisés), utilisation d'énergies renouvelables (soleil, vent, marées, hydroélectricité, « biomasse »).

Ces *énergies renouvelables* ne doivent pas être sous-estimées, comme elles le sont parfois. D'ores et déjà elles fournissent 18 % de l'énergie consommée dans le monde (6 % pour l'hydroélectricité – 12 % pour la « biomasse », essentiellement le bois). Les plantes (pour les carburants agricoles) ou le bois (pour le chauffage) sont une excellente manière de recycler le CO^2, si bien sûr on les replante aussi vite qu'on les exploite (sinon c'est la déforestation et ses méfaits !). Le chauffage solaire est compétitif. L'électricité produite par les éoliennes l'est également, de même que l'électricité solaire dans de très nombreuses régions du Tiers Monde situées à l'écart des grands réseaux de distribution[2].

3. **Une stratégie mondiale.** — Dans le cadre de l'ONU, dès 1988, de multiples programmes de recherche sur les changements climatiques ont été lancés. L'ONU s'est également efforcée de parvenir rapidement à un accord international de réduction du CO^2, comme pour le CFC. L'enjeu est cependant autrement colossal et difficile : c'est de toute la consommation d'énergie qu'il s'agit, et non plus seulement de l'interdiction de quelques produits chimiques ! La difficulté était de savoir comment répartir l'effort. En effet, les pays en voie de développement ne rejettent que 0,4 t de carbone par an et par habitant, contre 1,8 pour la France, 2,5 pour le Japon, 3 en Allemagne et 5,5 aux États-Unis ! Il serait bien sûr

1. Néanmoins cet avantage est contrebalancé par les fuites de méthane, qui est aussi un gaz à effet de serre.
2. Voir « Que sais-je ? » *Les énergies renouvelables*, n° 3240.

inéquitable de demander pour l'instant un effort aux pays du Tiers Monde. Même au sein des pays industrialisés, une réduction uniforme serait injuste, les États-Unis rejetant par habitant 3 fois plus de CO^2 que la France ! Un chiffre uniforme de CO^2 autorisé *par habitant* ne serait pas non plus très juste : les situations climatiques, les ressources naturelles (hydro-électricité, soleil, gaz) sont différentes d'un pays à l'autre. La « Convention sur les changements climatiques » signée à Rio en juin 1992 et son protocole d'application signé à Kyoto en 1997 ont prévu que les pays *industrialisés* devraient avoir réduit de 5 % en moyenne leurs émissions de gaz à effet de serre d'ici 2010 (par rapport au niveau de 1990). Néanmoins, les réductions imposées à chacun des 38 pays signataires diffèrent : moins 8 % pour la Communauté européenne, moins 7 % (seulement !) pour les États-Unis, moins 6 % pour le Canada ou le Japon, stabilité pour la Russie et même augmentation permise de 10 % pour l'Australie. Au sein de la Communauté européenne l'effort demandé est également différencié : de moins 21 % pour l'Allemagne jusqu'à plus 27 % permis au Portugal, et stabilité pour la France (compte tenu de son assez faible niveau actuel). L'originalité du protocole de Kyoto a été également de permettre aux pays de s'échanger entre eux des « permis d'émission »[1], les pays désireux ou capables (pour des raisons de coût) d'en faire plus « vendant » leurs « surplus » à d'autres pays.

L'objectif sera-t-il tenu ? Nul ne le sait[2]. D'autant que, là aussi, il y aura un décalage de plusieurs décennies entre la réduction de l'*émission* des gaz à effet de serre et un début de *décroissance de la température,* du fait de la longue durée de vie des gaz à effet de serre dans l'atmosphère...

1. Voir « Les bourses de pollution », chap. VII, § III.4.

2. Les résultats de la conférence de la Haye, fin 2000, ont été fort décevants !

V. — La pollution à l'intérieur des locaux

Si la « mort des forêts » ou le « trou d'ozone » symbolisent l'action à longue distance de la pollution de l'air, on s'intéresse aussi depuis peu à la pollution à l'intérieur des bâtiments et des véhicules, à l'intérieur desquels, il est vrai, nous passons 80 % de notre temps. En dehors de l'exposition professionnelle à certains polluants dans les usines, ce problème avait été jusqu'ici peu étudié : seules certaines substances (amiante, benzène, tabac dans les lieux publics, PCP pour le traitement des bois...) avaient fait l'objet d'une attention (et d'une législation) particulière. Bien avant la France cependant, les États-Unis, les pays nordiques et le Japon se sont penchés sur le sujet et, depuis quelques années, se tiennent des « conférences internationales sur la qualité de l'air intérieur » (« Indoor pollution »).

Les sources de pollution intérieure sont, à vrai dire, multiples : appareils de chauffage et de cuisson, matériaux de construction et revêtements, mobilier, tabac, produits d'entretien ou de bricolage-jardinage, systèmes de conditionnement d'air (chaud ou froid), animaux et végétaux... Les efforts, louables, d'économie d'énergie et la moindre aération des locaux qui en a résulté ont, sans aucun doute, accru le phénomène.

Il serait souhaitable que soit mis en place un système d'information des consommateurs sur la pollution intérieure créée par les produits de consommation ou de construction (comme certains pays l'ont déjà fait pour les matériaux de construction).

Les polluants intérieurs les plus préoccupants sont :

— *les oxydes d'azote,* notamment dans les cuisines (cuisinières à gaz) ;
— *les composés organiques volatils,* du fait des colles, cires, produits d'entretien des sols, désodorisants, insecticides, peintures, produits de traitement du bois, etc. Certaines de ces pollutions sont fugaces (l'effet d'une colle de papier peint ou d'une cire disparaît en quelques dizaines d'heures), d'autres sont plus rémanentes (par exemple un bloc désodorisant ou un diffuseur d'insecticide) ;

— le *radon* (gaz radioactif cancérigène présent naturellement dans les roches et donc dans le sous-sol et dans les matériaux de construction de certaines maisons), notamment là où le sous-sol émet beaucoup de radon (Cornouailles en Grande-Bretagne par exemple) ;
— bien sûr le *tabac* (oxyde de carbone, hydrocarbures, goudrons, etc.), tant pour les fumeurs que pour ceux qui respirent la fumée d'autrui ;
— certaines *poussières, particules,* ou *fibres* (par exemple l'amiante)[1].

La pollution « intérieure », notamment par les composés organiques volatils, si nombreux, sera certainement l'un des principaux sujets d'investigation des prochaines années.

VI. — Les réseaux de mesure de la pollution de l'air

1. **Trente-neuf réseaux de mesure en France.** — La surveillance de la qualité de l'air est effectuée, en France, par un ensemble d'environ 700 stations de mesures (en zones industrielles, urbaines et rurales) dans lesquelles sont installées, soit des analyseurs automatiques dans la plupart des stations (avec transmission des résultats d'analyses à un ordinateur central), soit des préleveurs d'échantillons (transportés pour analyse dans des laboratoires).

Cette surveillance s'effectue sur 15 polluants différents (notamment SO^2, NOx, poussières, oxyde de carbone, ozone, hydrocarbures, métaux lourds) : tous les polluants ne sont cependant pas mesurés dans toutes les stations.

La plupart de ces stations font partie, depuis 1972, de *réseaux locaux de mesure*, gérés par des associations regroupant tous les partenaires locaux concernés par la qualité de l'air (État, collectivités locales, industries, associations). En 2000, il existait en France 39 réseaux de mesure. L'Agence de l'environnement (ADEME) participe au financement de ces réseaux de mesure.

1. L'amiante, matériau anti-feu et isolant, s'est révélée très nocive pour les poumons et a été interdite, en France, depuis 1997.

Il faut noter que, malheureusement, il n'existe pas de normes ni européennes, ni même françaises, sur le mode d'implantation et de répartition des stations de mesure. Ceci rend dès lors hasardeuses les comparaisons qu'on pourrait être tenté de faire d'une ville à l'autre, surtout pour les polluants d'origine automobile, où l'emplacement des stations de mesure joue beaucoup (le moindre changement de plan de circulation peut fausser les résultats d'une année à l'autre !).

Des laboratoires mobiles (camionnettes) de mesure de la pollution permettent de faire dans certains secteurs des études plus approfondies.

Enfin, signalons les expériences intéressantes (et concluantes) d'*observation des odeurs* par des bénévoles (des centaines de « nez » ont humé les odeurs à Fos-sur-Mer, au Havre, à Dunkerque, à Strasbourg).

2. **Un réseau spécial de mesure de la pollution radioactive.** — Le suivi de la radioactivité est effectué, en France, par l'OPRI (Office de protection contre les rayonnements ionisants), rattaché aux ministères de la Santé et du Travail.

Un système national de télémesure TELERAY, relié à un ordinateur central, permet de disposer *en temps réel* d'un tableau de bord de la radioactivité, naturelle et artificielle, sur l'ensemble du territoire (dans l'air et dans l'eau de pluie). En 2000, 177 stations étaient reliées à ce réseau et les données sont interrogeables par internet. Cette transparence dans l'information a été l'une des conséquences de la relative désinformation qui avait suivi l'accident nucléaire de Tchernobyl en avril 1986[1].

Comme pour les autres polluants, il existe aussi des stations mobiles de mesure de l'OPRI, notamment des camions-laboratoires et même une voiture-rail (capable de faire 1 600 contrôles par jour), permettant d'examiner des sites ou des personnes contaminés, notamment s'il advenait un accident.

1. Ceci a d'ailleurs amené certains à contester le « monopole » de mesure et d'information de l'OPRI. Il existe désormais un organisme de surveillance *indépendant,* la CRII-RAD.

VII. — Réglementation et fiscalité

1. **Réglementation.** — La réglementation en matière de pollution de l'air vise :

— Soit *la qualité des produits utilisés* pour la combustion.

En France, par exemple, la teneur en soufre des combustibles de chauffage ou la teneur en soufre, en plomb et en benzène des carburants sont fixées par le décret de base du 7 novembre 1962, corrigé depuis en fonction des directives européennes.

— Soit *les activités polluantes* (fabrications industrielles, véhicules, installations de combustion).

Les réglementations de base sont en France la loi-cadre du 30 décembre 1996 sur la pollution atmosphérique, le Code de la construction et de l'habitation, la loi du 19 juillet 1976 sur les installations « classées » dangereuses, le Code de la route, la loi du 2 avril 1961 et le décret du 4 mai 1995 sur les installations nucléaires. Ces lois ou décrets français sont de plus en plus adaptés pour tenir compte des directives européennes (par exemple sur la pollution des véhicules, ou sur les « grandes installations de combustion », ou sur les incinérateurs d'ordures ménagères, ou sur la pollution par l'amiante).

— Soit *la qualité de l'air ambiant* :

La directive européenne du 27 avril 1996 a prévu de fixer les « valeurs-limites » à respecter pour 13 polluants, ainsi que les « seuils d'alerte » où des mesures d'urgence doivent être prises. Le décret français du 6 mai 1998 a d'ores et déjà publié ces normes pour 8 polluants. Enfin, l'arrêté du 10 janvier 2000 a créé un indice de qualité de l'air allant de 1 à 10.

— Soit *les plans d'action* :

La directive européenne d'avril 1996 oblige à « prendre des mesures » dans les zones où on dépasse les valeurs-limites. La France avait pour sa part créé depuis longtemps des *zones de protection spéciale,* dans lesquelles on pouvait imposer des normes plus sévères pour les combustibles utilisés et pour les rejets industriels et des restrictions de la circulation automobile. Cinq grandes métropoles françaises avaient été déclarées « zones de protection spéciale » (région Ile-de-France, Lille-Roubaix-Tourcoing, Lyon-Villeurbanne, Marseille, agglomération de Strasbourg). En vertu de la nouvelle loi de décembre 1996, ces zones de protection spéciale devraient être remplacées par des *plans de protection de l'atmosphère* (obligatoires dans les agglomérations de plus de 250 000 habitants et dans les zones où on risque de dépasser les valeurs-limites).

Cette loi de 1996 a également prévu des *plans régionaux pour la qualité de l'air* (qui ne sont que des « orientations ») et des *plans de déplacements urbains* (pour faciliter les modes de déplacement moins polluants). Elle traite aussi des *mesures d'urgence* à prendre quand les seuils d'alerte sont dépassés.

2. **Fiscalité.** — En France, une loi de 1980 a institué une *taxe parafiscale sur la pollution atmosphérique*. Celle-ci a porté depuis 1985 sur le SO^2, depuis 1990 sur les oxydes d'azote et l'acide chlorhydrique et depuis 1995 sur les composés organiques volatils. Ces taxes ne sont pas à un niveau où elles seraient incitatives pour dépolluer[1]. Elles sont, depuis 1999, fondues dans la « taxe générale sur les activités polluantes » (TGAP).

Par ailleurs, les équipements de dépollution atmosphérique bénéficient, d'une part, d'aides fiscales (possibilité d'amortissement accéléré, allégement des impôts locaux), d'autre part, d'aides financières versées par l'Agence de l'environnement et de la maîtrise de l'énergie (pour l'industrie, ces aides ne sont versées que si l'équipement est une innovation technique, ou s'il permet d'aller plus vite ou plus loin que la réglementation).

Sur ce chapitre fiscal, il faut souligner le coup de pouce donné par la France et d'autres pays au super sans plomb ou aux biocarburants, afin de rendre leur prix attractif. Dans le même esprit, les directives européennes ont donné la possibilité aux États d'accorder des incitations fiscales aux véhicules respectant, *avant la lettre*, les futures normes de pollution. Enfin la France subventionne, pour sa part, l'acquisition de véhicules électriques ou le transport combiné route-rail.

1. On considère que la taxe sur le SO^2, par exemple, est 100 fois inférieure au coût de la désulfuration des fumées et 10 fois inférieure au coût d'adoption d'un fioul à basse teneur en soufre !

Chapitre III

LE BRUIT

Qu'est-ce que le bruit ? Le *Petit Larousse illustré* le définit comme « un ensemble de sons sans harmonie ». Le *Petit Robert,* comme « un son qui n'est pas musical ». Le *Littré,* comme « un ensemble confus de sons ». L'Association française de normalisation, enfin, comme « toute sensation auditive désagréable ou gênante ».

Cette dernière définition a le mérite de souligner combien le bruit est une notion *relative* : son intensité compte certes, mais aussi sa fréquence (grave ou aiguë), sa durée, son caractère inattendu, etc. Ajoutons à cela que la gêne dépendra de l'heure (jour ou nuit), de la personne, ou du « bruit de fond » environnant (un « pic » sonore qui « émerge » par rapport au bruit ambiant sera gênant même s'il n'est pas, à proprement parler, très bruyant). Ajoutons enfin qu'une musique agréable à l'un peut être insupportable à l'autre, qu'un son plaisant dans certaines circonstances (ne serait-ce que parce qu'on *l'écoute*) peut être insupportable dans d'autres (parce qu'on veut lire, ou travailler) et que, d'une manière très générale, on est plus sensible aux bruits que font les autres plutôt qu'aux bruits qu'on fait soi-même...

Il n'empêche que malgré cet « océan » de subjectivité, il fallait bien trouver un moyen de mesurer (voir l'encadré sur le « décibel ») et de réglementer les bruits. Ceux-ci sont en effet une nuisance fortement ressentie et l'on peut d'ailleurs s'étonner de la faible priorité donnée à ce problème dans la plupart des pays. À vrai dire, dans beaucoup de pays, l'État se défausse de ses responsabilités sur les collectivités locales, à qui il est incapable d'imposer une action minimum et homogène. Il a d'ailleurs fallu attendre, en France, la loi du 31 décembre 1992 pour qu'il y ait, enfin, une loi-cadre sur le bruit !

I. — Les effets du bruit

Le bruit peut, tout d'abord, avoir un effet sur *l'audition* : soit une *fatigue auditive* qui est un déficit *provisoire* de l'audition et qui se manifeste à partir de bruits de 75 à 80 dB, soit *un effet de masque* (le bruit empêchant l'audition de conversations ou de signaux de dangers et contribuant à un certain « isolement »), soit une *perte d'audition définitive* qui peut survenir en cas de bruit brutal (tirs, explosions) ou en cas de bruit intense prolongé (plus de 85 dB pendant huit heures par jour sur plusieurs années). Ces pertes d'audition, qui sont souvent d'origines professionnelles, peuvent aussi provenir maintenant de certains loisirs bruyants, notamment chez les jeunes (on atteint souvent 105 dB dans des concerts de rock, dans des discothèques, des motocross, ou en branchant son walkman à fond).

Le bruit peut aussi avoir *d'autres effets sur la santé,* notamment sur le système cardio-vasculaire (hypertension artérielle notamment), sur le système digestif, ou sur le psychisme, etc. Le bruit est, assurément, un agent de stress. Autour de l'aéroport de Los Angeles, on aurait repéré 18 % de maladies cardio-vasculaires fatales en plus et un doublement des suicides. En Norvège, on aurait aussi mis en évidence une corrélation entre bruit et maladies psychiatriques. Le bruit gêne le développement du langage et l'acquisition de la lecture chez les enfants (ceux qui mangent dans les cantines scolaires – souvent plus de 80 dB – seraient particulièrement touchés).

Le décibel (A) ou dB

Graham Bell, physicien anglo-américain du siècle dernier, a donné son nom à l'unité de mesure des sons : ses recherches pour faire entendre les sourds l'avaient conduit à inventer le téléphone.

Les sons vont en pratique de 0 dB (seuil d'audibilité) à environ 120 dB (seuil de la douleur). En fait la sensibilité de l'oreille diffère selon les fréquences : elle est, notamment, moindre pour les basses fréquences. C'est pourquoi le nombre de décibels est « corrigé », en fonction des fréquences des sons, pour tenir compte de cette sensibilité variable de l'oreille. On obtient alors les décibels (A).

L'échelle donne une idée des ordres de grandeurs :

	0	seuil d'audibilité
	10	studio d'enregistrement
	20	désert
	30	intérieur d'appartement dans quartier tranquille
	45	intérieur d'un appartement normal
	50	à 60 conversation normale, rue assez tranquille
Bruits fatigants	75	atelier dactylo, rue à circulation importante
	80	bruits en cours de trajet domicile-travail, en voiture ou en métro
	85	piscine couverte, cantine scolaire
	90	mixer ou moulin à café
	105	walkman à fond
Seuil de la douleur	120	moteurs d'avions à quelques mètres
	180	fusée au décollage

Notons enfin que l'arithmétique des décibels est étrange (et est d'ailleurs source de tromperie des consommateurs lorsqu'ils achètent des matériaux isolants). Retenons que 2 sources conjointes de 60 dB donneront... 63 dB (60 + 60 = 63...) et qu'il faudra 10 sources de 60 dB pour parvenir à 70 dB (60 × 10 = 70...). Bref il faut beaucoup de bruit pour augmenter de quelques décibels. Mais il faut aussi – corrélativement – beaucoup d'efforts pour diminuer de quelques décibels !

Le bruit, enfin, *perturbe le sommeil* : difficultés à s'endormir, éveils la nuit, et surtout plus courte durée du sommeil profond, celui qui est le plus réparateur.

II. — Les sources de bruit

On a coutume de distinguer deux grandes sources de bruit :

- — les bruits liés aux *transports* (routiers, ferroviaires, aériens) ;
- — les bruits de *voisinage* (établissements industriels, chantiers, activités domestiques et de loisirs).

À vrai dire, on dispose de bien peu de données chiffrées sérieuses et récentes sur l'exposition au bruit en provenance de ces différentes sources. Il y a d'ailleurs là une carence coupable dans la plupart des pays, dénoncée par l'OCDE. Quelques sondages épars, quelques statistiques sur le nombre de plaintes permettent d'avoir des idées. Les *sondages* font ressortir que le trafic automobile serait la principale nuisance, notamment en habitat collectif (selon une enquête de l'INSEE, 33 % s'en plaignaient, en France, en 1998). Les *plaintes*, inversement, sembleraient viser surtout les bruits des établissements industriels et commerciaux et les bruits de voisinage (voir tableau ci-dessous). Mais n'est-ce pas normal : on peut plus facilement « focaliser » une plainte contre un café ou contre une usine que contre la circulation *en général* ou même contre un camion qui passe !

Répartition des plaintes contre le bruit
à Paris en 1999
(sur 9 000 plaintes environ par an)

Bruits industriels et commerciaux (hors bars, restaurants, discothèques, etc.)	36 %
Bars, restaurants, nights-clubs, discothèques	18 %
Bruits de voisinage domestiques et de loisirs	36 %
Chantiers et bruits de la rue	8 %

1. **Les bruits liés au transport.**

A) *Les transports routiers.* — Du fait de l'explosion du transport routier de marchandises (doublement dans les pays européens entre 1980 et 2000) ou de personnes (+ 50 %), l'exposition au bruit des populations a eu plutôt tendance à s'accroître, malgré le renforcement des normes de bruit des véhicules ou la pose d'écrans acoustiques, ou malgré la tendance des habitants à fuir les centres-villes.

Le bruit des véhicules (qui est 5 à 15 fois plus fort pour les poids lourds que pour les voitures) a été réduit *à la source*, notamment dans la Communauté européenne depuis 1970, par toute une série de directives (reprises, en France, dans le Code de la route). Mais l'évolution des normes aura été bien lente : il aura fallu vingt-trois ans pour abaisser de 8 dB les normes des automobiles et de 11 dB celles des camions ! Les motocyclettes (depuis 1978) et les tracteurs (depuis 1974) ont fait, aussi, l'objet d'une réglementation européenne. Il faut souligner que ces règles visent les moteurs, les pots d'échappement, mais aussi certains accessoires (avertisseurs, alarmes sonores de voitures – lesquelles deviennent un véritable fléau).

Cependant, il semble que pour aller au-delà des normes actuelles, il faudrait s'attaquer, non plus au seul bruit des moteurs ou pots d'échappement, mais à celui *des pneus sur la chaussée* qui représente, à ce stade, l'essentiel du bruit : ceci demandera des progrès spectaculaires dans la technologie des pneumatiques ou dans celle des revêtements routiers.

Contrairement à certains revêtements particulièrement bruyants (pavés, béton à joints de dilatation, gravillons, béton rainuré), il existe d'ores et déjà des *asphaltes silencieux*, notamment drainants, plus performants (et plus économiques !) que bien des écrans acoustiques. Pour bien faire, ces asphaltes drainants diminuent aussi le bruit *à l'intérieur* du véhicule et il n'y a pas opposition, contrairement à ce qu'on craignait au départ, entre silence et sécurité, ces revêtements permettant une bien meilleure adhérence sur route mouillée.

Et puis, il ne suffit pas de réduire *à la fabrication* le bruit des véhicules, encore faut-il contrôler les véhicules *en circulation*, car les niveaux de bruit dépendent largement de la manière dont les véhicules sont conduits, entretenus, voire « trafiqués » (motocyclettes notamment, dont le bruit peut augmenter de 10 dB !). Même dans les pays européens qui ont institué un contrôle technique périodique obligatoire des véhicules, les contrôles effectués ne comprennent pas de mesure de bruit, contrairement à ce qui se passe, par exemple, au Japon. En revanche, des contrôles « volants » sont effectués dans beaucoup de pays par des brigades de police anti-bruit. Comme ces contrôles montrent que les trois quarts des infractions viennent d'un échappement déréglé, il conviendrait sans doute de n'autoriser que la mise sur le marché de dispositifs d'échappement *inviolables*.

Les *véhicules électriques* sont aussi un moyen de diminuer le bruit (et la pollution de l'air) en ville. Il peut aussi s'agir de véhicules bi-mode (électriques à l'intérieur de la ville, diesel à l'extérieur pour des raisons de puissance du véhicule et d'autonomie : certains camions de ramassage d'ordures ménagères sont équipés ainsi).

Bien sûr, toutes sortes d'autres mesures, *de gestion du trafic*, permettent de réduire la nuisance routière :

— en *limitant la vitesse* (la réduction à 30km/heure permet de gagner 4 à 5 dB) ;
— en *interdisant la circulation sur certains trajets ou à certaines heures.* Beaucoup de pays ou de villes ont interdit la circulation des poids lourds la nuit ou créé des itinéraires de déviation[1]. D'autres ont créé

1. La plupart du temps ces mesures ont pour but de créer le calme *en ville.* Mais la France, par sa loi de janvier 1991, est un bon exemple de protection des *espaces naturels* contre le bruit (interdiction du hors-piste, épreuves de sports motorisés ou scooters des neiges cantonnés à certains lieux, possibilité pour les maires d'interdire certaines voies à des engins bruyants).

des parcs de stationnement pour poids lourds et des centres de fret en dehors des villes.

Faute de mieux, on peut aussi isoler les « belligérants » par des *écrans ou talus* acoustiques le long des routes ou par des *isolations* phoniques des immeubles riverains, quand hélas l'urbanisme n'a pas pu ou pas voulu séparer les axes de circulation des zones d'habitation. Dans beaucoup de pays, un « programme de rattrapage » prévoit ces deux types d'action (écrans et isolations) en priorité sur les « points noirs », ceux où le bruit dépasse, de jour, 70 dB. La France, longtemps en retard, a lancé en 2000 un programme de recensement de ses « points noirs ».

Par ailleurs, la loi française sur le bruit de 1992 (et les décrets du 9 janvier 1995) permet désormais d'imposer des normes de bruit aux nouvelles routes et aussi d'imposer des prescriptions spéciales aux bâtiments situés en bordure.

B) *Les transports aériens.* — Le bruit des transports aériens, certes moins généralisé que celui des transports routiers, n'en est pas moins considérable pour les populations riveraines des aéroports.

La première action a visé à réduire, *à la source*, le bruit des aéronefs (avions, hélicoptères, ULM, etc.) dans le cadre de l'OACI (organisation de l'Aviation civile internationale) : ces normes sont reprises dans les législations européenne et française (Code de l'aviation civile). À vrai dire, les constructeurs ont jusqu'ici assez facilement réduit le bruit, car c'était une conséquence des efforts entrepris en vue de réduire la consommation de carburant.

Plusieurs pays ont mis en œuvre – mais à un niveau « symbolique » – *des taxes ou des redevances* sur les avions bruyants (Japon, Suisse, Pays-Bas) ou, inversement, une réduction des droits d'atterrissage pour les avions les moins bruyants (Allemagne, France). En outre, en France, la loi de 1992 a créé une « taxe pour l'atténuation des nuisances sonores » (fondue en 1999 dans la « taxe générale sur les activités polluantes »), perçue dans 9 aéroports.

Comme pour les véhicules, des mesures de *gestion du trafic* sont importantes :

— *restrictions horaires*, notamment interdiction la nuit, souvent de 23 h 30 à 6 h (en France à Orly, et à Roissy pour les avions les plus bruyants) ;
— établissement d'*itinéraires*, d'*altitudes de survol*, et de *procédures de vol*. Aéroports de Paris a mis en place en 1995 deux maisons de l'environnement (à Roissy et Orly) ouvertes au public et qui comportent un système de suivi des trajectoires des avions (système « Stade »). En ce qui concerne les hélicoptères, la loi de 1992 a prévu d'interdire les vols circulaires sans escale et d'imposer une hauteur minimum de vol.

Une loi du 12 juillet 1999 a créé l'ACNUSA (autorité de contrôle des nuisances sonores aéroportuaires), qui a d'une part des pouvoirs de *recommandation* (sur les méthodes de mesure du bruit, sur les procédures de décollage, etc.), mais aussi des pouvoirs de *sanction*.

Il faut aussi signaler l'importance des dispositions *d'urbanisme* permettant d'éviter la construction de bâtiments à proximité des aéroports. En France, une loi de juillet 1985, reprise au Code de l'urbanisme, oblige à dresser des « plans d'exposition au bruit » et à entourer les aéroports de trois zones où les constructions de logements sont soit carrément interdites, soit très limitées (logements de fonction par exemple) et, dans ce cas, soumises à des normes acoustiques sévères. Mais la pression foncière autour des aéroports rend parfois difficile l'application de la loi...

Enfin, en dernier recours, comme le long des routes, des procédures d'aides financières sont prévues dans la plupart des pays pour des *travaux d'insonorisation* des immeubles autour des aéroports. En France, ces travaux sont financés par l'ADEME (Agence de l'environnement et de la maîtrise de l'énergie).

C) *Les transports ferroviaires.* — Jusqu'ici, les nuisances ferroviaires ne touchaient, dans beaucoup de pays, que très peu de gens. La Suisse était une sorte d'exception.

La nuisance des trains à grande vitesse risque de modifier les choses. En France, l'INRETS (Institut National de Recherche sur les Transports et leur Sécurité) étudie les problèmes de bruit le long des nouvelles lignes TGV. Au Japon, c'est un souci permanent depuis le lancement, en 1964, du réseau Shinkansen.

De multiples techniques ont été employées pour réduire le bruit *à la source* : dalles de caoutchouc sous les rails, rails plus lourds, rails polis, modification des caténaires afin de diminuer les bruits de frottement et d'arcs électriques, aménagements de sas anti-bruit à l'entrée des tunnels. Lorsque des nuisances subsistent, on a recours, comme le long des routes, à des écrans anti-bruit et à l'insonorisation des immeubles.

Comme pour les routes, la loi française sur le bruit de 1992 (et les décrets du 9 janvier 1995) permet désormais d'imposer des normes de bruit aux nouvelles infrastructures ferroviaires et aussi d'imposer des prescriptions spéciales aux bâtiments situés en bordure.

2. **Les bruits de voisinage.** — Il peut s'agir de bruits dûs à des industries, à des bars, discothèques ou restaurants, à des chantiers, à des bruits domestiques (chiens, appareils électro-ménagers, ascenseurs, etc.). Le tableau de la page 52 donnait une idée de la répartition de ces différentes sources de bruit, à Paris, en se basant sur les plaintes reçues.

La lutte contre le bruit peut, là aussi, s'effectuer *à la source* pour les *établissements industriels*, les *objets bruyants*, ou les *chiens* :

— Pour les *établissements industriels*, la réglementation[1] définit le bruit maximum que peut faire un établissement indus-

1. Loi de 1976 sur les « installations classées » et arrêté du 23 janvier 1997. Les élevages, les carrières, certaines industries (papier, verre) font l'objet d'arrêtés particuliers.

triel en limite de propriété : 70 dB le jour, 60 dB la nuit. La réglementation limite aussi le supplément de bruit par rapport au bruit ambiant, « l'émergence », en la limitant à 5 à 6 dB le jour et à 3 à 4 dB la nuit et les dimanches. Le mérite de cette réglementation est qu'elle permet d'agir contre l'établissement, non seulement s'il y a dépassement de ces niveaux maxima, mais aussi s'il y a, simplement, gêne pour le voisinage (les vibrations sont aussi prises en compte). En pratique, la réduction des bruits industriels à la source peut s'effectuer par des silencieux sur les échappements, ou en installant les machines sur des « matelas » anti-vibratiles (feutre, caoutchouc, liège...), ou en enfermant les machines bruyantes sous coffre, etc.

— Pour les *objets bruyants,* le décret du 23 janvier 1995 prévoit de les soumettre, selon l'ampleur du bruit, soit à une homologation, soit à une simple déclaration, avant leur mise sur le marché. Il édicte également des normes de bruit, lesquelles sont d'ailleurs harmonisées à l'échelle européenne (directive de 1984).

Pour l'instant, ces normes existent pour plusieurs *engins de chantier* (arrêtés du 2 janvier 1986) : les motocompresseurs, les moteurs à explosion autres que d'automobiles, les groupes électrogènes de soudage, les groupes électrogènes de puissance, les brise-béton et marteaux-piqueurs, les grues à tour, les engins de terrassement. Elles n'existent en revanche que pour un seul *appareil domestique,* les tondeuses à gazon (arrêté du 17 juin 1987). Cela n'a pas empêché, Dieu merci, des fabricants d'appareils électroménagers de diminuer leur bruit[1]. En tout état de cause, un décret du 7 juillet 1994 prévoit cependant l'étiquetage du niveau de bruit de tous les appareils domestiques (en application d'une directive européenne de 1986).

— En ce qui concerne les *chiens*, deux tentatives (sérieuses ?) de lutte contre le bruit à la source consistent en la commercialisation (depuis le début 1988 en France) de colliers anti-aboiements (à la citronnelle...) ou d'une cassette préenregistrée (avec la voix de son maître) se mettant en marche automatiquement à chaque aboiement. Les aboiements des chiens constituent, il faut le rappeler, une nuisance fortement ressentie, et réelle. Et il y a 8 millions de chiens en France !

En dehors des réductions à la source par des dispositifs techniques, des mesures, là aussi, de *gestion* (in-

1. En quinze ans : de 87 à 66 dB pour une centrifugeuse, de 63 à 56 dB pour un sèche cheveux, de 78 à 76 dB pour les aspirateurs qui restent, décidément, fort bruyants.

terdiction de certaines activités en certains endroits, ou à certaines heures) peuvent être prises.

En France, elles peuvent être édictées soit par le maire (en vertu du Code des collectivités territoriales et du Code de la santé), par exemple pour les chantiers, les instruments bruyants, les tondeuses à gazon, les bals, les cloches d'églises (loi sur les cultes), soit par le sous-préfet pour les bars, restaurants, discothèques (Code des débits de boissons), soit par l'inspecteur des établissements industriels « classés » dangereux.

Comme pour les bruits de transport, des dispositions *d'urbanisme* permettent, dans certains pays, de délimiter des sortes de *périmètres de protection* autour des établissements industriels bruyants, dans lesquels les constructions peuvent être soit soumises à des normes acoustiques particulières, soit même interdites[1].

Le plus difficile, enfin, comme pour les bruits de circulation, est de *contrôler et de sanctionner* les bruits de voisinage.

Si l'on excepte les bruits en provenance d'établissements industriels « classés » (soumis à la loi de 1976), trois textes permettent, en France, de *sanctionner* le bruit :

— Le Code pénal (art. R. 623-2) qui vise le *tapage nocturne* (80 000 interventions de la police en 1990).

— Le Code général des collectivités territoriales (complété par une loi de novembre 1990) qui vise la *tranquillité publique* en général, notamment les bruits de voisinage, et qui permet aux maires de les réprimer.

— Le Code de la santé publique, qui prévoit des sanctions plus fortes que le Code des collectivités territoriales.

Un premier décret du code de la santé (du 18 avril 1995) vise les *bruits de voisinage* (autres que les bruits de transports ou bruits des établissements industriels « classés ») et distingue :

— les bruits de chantiers de travaux publics et de bâtiments ;
— les bruits dus à une activité professionnelle, culturelle, sportive ou de loisir « habituelle ». Pour ceux-ci, le texte sanctionne en fait le supplément de bruit par rapport au bruit

1. En France, cette disposition du Code de l'urbanisme (art. L. 421-8) est d'autant plus utile qu'une autre disposition, dans le Code de la construction (art. L. 112-16) crée pratiquement un *droit d'antériorité* pour les nuisances occasionnées par les activités économiques et priverait les nouveaux arrivants de tout recours ultérieur.

ambiant, « l'émergence », en la limitant à 5 dB le jour et 3 dB la nuit, chiffre d'ailleurs augmenté si le bruit dure peu de temps ;
— les « autres » bruits intermittents ou aléatoires (chien, appareil bruyant, éclats de voix, etc.) pour lesquels une mesure normalisée de bruit (en pratique très difficile) n'est plus obligatoire. Un simple constat d'un agent assermenté de l'État ou d'une commune suffit.

Un second décret du code de la santé (du 15 décembre 1998) vise les lieux de diffusion de *musique amplifiée* (cafés, discothèques, etc.). Il limite, d'une part, l'intensité sonore à l'intérieur de ces lieux et, d'autre part, protège les voisins en imposant des isolations acoustiques.

Il existe hélas en matière de bruit, en France, un véritable « fatras » juridique, les textes se chevauchant les uns les autres et les responsabilités respectives des maires et de l'État (et de ses agents : sous-préfet, police, inspecteurs des établissements classés, inspecteurs de la salubrité) étant fort mal définis. Le silence n'y gagne guère !

III. — L'isolation

Quelle que soit la source de bruit, on l'a vu, la solution de recours finale est au bout du compte l'insonorisation. On peut s'isoler au niveau de l'oreille par des casques, bien difficiles à supporter, ou par des bouchons introduits dans le canal auditif, qui sont un pis-aller.

L'isolation acoustique des bâtiments est, elle, une nécessité pour se protéger des bruits des voisins ou de l'extérieur. Les bruits peuvent pénétrer chez nous, soit par la voie *aérienne* (portes, fenêtres, bouches d'aération), soit par la voie *solidienne* (vibration des parois, des tuyauteries...).

Des prescriptions acoustiques sont désormais imposées lors des constructions d'immeubles neufs. En France, depuis 1994, une réglementation acoustique (Code de la construction et de l'habitation, arrêté du 30 juin 1999) impose de nouvelles normes aux *logements neufs*. Ce texte prévoit, d'une part, une *isolation* minimum vis-à-vis des logements voisins, des parties communes ou des bruits routiers et, d'autre part, une *limitation maximum du bruit perçu* en provenance des équipements des logements voisins ou des installations de chauffage extérieures au logement. Ces normes sont plus strictes dans les pièces principales que dans les cuisines ou les salles d'eau. En ce qui concerne les *logements anciens,* leur isolation acoustique donne désormais lieu à une *réduction d'impôt.* Enfin, un décret du 9 janvier 1995 prévoit une réglementation pour certains *bâtiments autres que d'habitation (enseignement, santé, sport, loisirs, hôtels).*

En pratique, l'isolation acoustique des bâtiments requiert :

— des parois lourdes, si possible multiples (avec, au milieu, de l'air ou un matériau isolant), le plus possible désolidarisées les unes des autres (joints de dilatation entre parois verticales, planchers « flottants » non-jointifs aux parois verticales) ;
— des joints souples autour des portes et des fenêtres et sous le seuil des portes ;
— des colliers et des fourreaux élastiques autour des tuyauteries qui traversent les parois ;
— des moquettes sur les planchers pour étouffer les bruits d'impact ;
— des robinets à ouverture progressive (pour éviter les « coups de bélier ») ou des plots anti-vibratiles sous les lavabos, baignoires...

Enfin on doit rappeler qu'*il ne faut pas confondre* :

— matériaux *isolants* et matériaux *absorbants.* Les premiers évitent la transmission d'une pièce à l'autre. Les seconds (textiles ou matériaux poreux) évitent la *réverbération* dans la pièce (cette réverbération est très gênante dans les grandes salles, les cantines scolaires, les piscines) ;
— isolants *acoustiques* et isolants *thermiques.* Les isolants thermiques à base de fibres minérales (laine de verre ou de roche) améliorent aussi l'isolation phonique. En revanche les isolants thermiques à base de mousses plastiques peuvent amplifier la transmission des bruits. De même un vitrage double (avec couche d'air intermédiaire) est un bon isolant *thermique*, alors qu'un simple vitrage épais est un bon isolant *phonique.*

Pendant très longtemps, les règles acoustiques de construction laissaient à désirer, en pratique. Il semble que la situation s'améliore : les résultats des contrôles effectués en France montraient, en 1973-1974, que la réglementation acoustique n'était appliquée que dans 7 % des cas ! Quinze ans plus tard, elle l'était à 70 %.

Chapitre IV

LES DÉCHETS

« Cachez ce déchet que je ne saurais voir », dit, bien souvent, notre hypocrite société de consommation. En 1998, la France produisait environ 30 millions de tonnes de déchets ménagers, 100 millions de tonnes de déchets industriels et 380 millions de tonnes de déchets agricoles[1].

I. — Les déchets des ménages

Ceux-ci comprennent en fait : les ordures ménagères proprement dites, les déchets encombrants (dits « monstres »), les déchets verts des jardins...

1. **Les ordures ménagères.** — En 1998, le Français « moyen » rejetait 1 kg par jour d'ordures, chiffre à peu près comparable à celui des autres européens, mais chiffre plus de deux fois inférieur à ceux des États-Unis ou du Canada (lesquels sont d'ailleurs atteints par le Parisien moyen) !

1. Dans l'acception française, le « déchet » ne vise que les déchets solides ou pâteux, voire liquides concentrés, mais qui en tout cas sortent de nos maisons ou de nos usines, non pas par nos cheminées (pollution de l'air) ou par nos égouts (pollution de l'eau), mais plutôt par des *camions*. Les Anglo-Saxons ne font guère cette différence : les déchets *(wastes)* chez eux couvrent aussi les pollutions de l'eau ou de l'air (gare aux statistiques !).

La composition *moyenne* de notre poubelle, en 1998, est donnée par le tableau ci-dessous (en poids) :

	Moyenne
Papiers-cartons	25 %
Matières putrescibles (animales et végétales)	29 %
Verre	13 %
Plastiques	11 %
Métaux	4 %
Textiles	6 %
Divers	12 %

Cette composition s'est d'ailleurs considérablement modifiée depuis l'après-guerre, époque à laquelle il y avait cinq à six fois moins de papiers-cartons, deux à trois fois plus de matières putrescibles, pratiquement pas de plastiques et beaucoup plus de cendres de chauffage...

La progression des papiers-cartons n'est hélas pas due au goût croissant de nos populations pour la lecture, mais à l'inflation des prospectus et des emballages. D'ailleurs les emballages en tous genres (papier, carton, plastique, métal, verre) représentent aujourd'hui plus du tiers de nos ordures ménagères[1].

2. **Le traitement des ordures ménagères.** — Le temps n'est plus où il suffisait pour « éliminer » ses ordures de les jeter à la rue (*e-limen* = « hors du seuil de la maison »), où porcs et chiens en faisaient leur affaire. Aujourd'hui, il y a, en gros, quatre méthodes d'élimination : *le recyclage* de certains matériaux (voir § 3), *le compostage* (retour à la terre), *l'incinération, la décharge*. En France, en 1998, 95 % de la population

1. C'est pourquoi, en France, un décret récent (avril 1992) oblige désormais les *producteurs* d'emballages à les *récupérer* (ou à cotiser à un organisme de récupération, type *« Éco-Emballages »*). Une directive européenne de décembre 1994 oblige, aussi, à la valorisation des emballages.

bénéficiait d'un « traitement » avouable (contre 56 % en 1980) : le recyclage concernait 8 % du tonnage, le compostage 7 %, l'incinération 35 % (dont 28 % avec récupération d'énergie) et la décharge « contrôlée » 50 %[1].

Ces pourcentages sont très variables d'un pays à l'autre et d'une époque à l'autre. L'Italie, berceau du compostage, ne traite plus aujourd'hui que 2 à 3 % de ses ordures par ce procédé. La Grande-Bretagne, berceau de l'incinération (le « destructor » britannique desservait 40 % de la population urbaine au début du siècle), voit sa part d'incinération descendre à 10 % ! Dans le monde industrialisé, la part de l'incinération peut aller de moins de 10 % (Canada, Italie) à plus de 70 % (Japon)... C'est dire combien les « certitudes » en matière de traitement des ordures ménagères sont évolutives...

À vrai dire, ces divers procédés de traitement ne s'excluent pas : de plus en plus, une partie des ordures est recyclée, une partie est compostée, une partie est incinérée.

A) *Le compostage* s'adresse à la *fraction fermentescible* (50 % du total) de nos ordures (déchets alimentaires, papiers-cartons, déchets de jardins). Techniquement, le compostage consiste à laisser fermenter les ordures à l'air libre pendant plusieurs *mois*[2]. Les usines de compostage requièrent, on le voit, des surfaces assez importantes.

L'épandage des ordures dans les champs (les « gadoues vertes ») remonte à l'Antiquité. Cette méthode, comme aujourd'hui le compostage, a cependant souffert de la concurrence des engrais chimiques (plus concentrés et donc plus maniables)[3] et de la pré-

1. Mais comme le recyclage, le compostage et l'incinération ont eux-mêmes des déchets (des « refus ») mis en décharge, c'est au total *plus des deux tiers* de nos déchets urbains qui, en France, finissent à la décharge.

2. Il existe un autre procédé de fermentation, à l'abri de l'air, « sous cloche », qui produit du méthane (procédé expérimenté à Amiens).

3. Cependant le compost apporte d'une part le fameux « humus », d'autre part des « oligo-éléments » (éléments chimiques en faible quantité indispensables à la vie : manganèse, cuivre, zinc, bore, fer...).

sence croissante dans nos ordures, de verre, métal ou plastique, peu appréciés des agriculteurs... Pour pallier ce dernier inconvénient, le compostage nécessite donc un *tri préalable* scrupuleux, qui, hélas, laisse souvent à désirer.

B) *L'incinération* s'adresse à la *fraction combustible* (70 % du total de nos ordures). Contrairement aux usines de compostage qui, on l'a vu, demandent de la place, l'incinération est une solution « compacte » qui a souvent, en France, la faveur des grandes agglomérations. Certaines de ces usines (les plus grosses et les plus urbaines) vendent l'électricité, voire la chaleur produites.

Les ordures ménagères sont un combustible assez pauvre (cinq fois moins calorifique que le charbon) et, en outre, hétérogène. À l'intérieur du four, il faut donc une bonne aération et un bon brassage (les ordures cheminent sur une grille qui les retourne). La température est de l'ordre de 900° maximum[1].

La difficulté réside, ici, dans l'épuration des fumées, d'autant que la récente réglementation européenne de 1989, beaucoup plus sévère, a renchéri considérablement le prix de l'incinération. Il faut, non seulement dépoussiérer les fumées, mais aussi les laver et neutraliser l'acide chlorhydrique (dégagé, notamment, par la combustion des plastiques PVC).

Autre difficulté de l'incinération : on ne considère plus les résidus, les « mâchefers », comme tout à fait inertes (métaux lourds), et des précautions particulières doivent être prises pour leur mise en décharge. Même chose pour les résidus de l'épuration des fumées[2].

1. Un procédé de *« thermolyse »* (pyrolyse) existe aussi : les ordures ne sont pas brûlées en présence d'air mais *décomposées* par la chaleur (450 à 750°) *en l'absence d'air.* Ce procédé (à l'image de la pyrolyse du charbon, qui donne du coke) donne un résidu *combustible* solide, utilisable ailleurs.

2. Un procédé de « vitrification » de ces résidus dans une *torche à plasma* à très haute température (4 000° !) a été expérimenté à Bordeaux. Les verres obtenus sont recyclables dans le bâtiment et les travaux publics (dalles...).

C) *La décharge* reste le moyen le plus fréquent, même dans les pays industrialisés[1]. La décharge brute, « sauvage », celle qui a les pieds dans l'eau ou qui dégage d'importantes fumées, est à proscrire (mais il y en a encore des milliers en France...). L'heure est désormais à la décharge « contrôlée » (mauvais mot « franglais »), rebaptisée « centre d'enfouissement technique ».

La décharge « contrôlée » consiste en fait à niveler les ordures tous les jours ou tous les deux jours et à séparer les couches d'ordures de couches de sable ou de terre : on peut faire cela casier par casier. Même si cette technique évite les odeurs et les envols, elle ne règle pas tout. Le sous-sol doit être étanche, les eaux de pluie qui s'infiltrent dans la décharge et s'y polluent (les « lixiviats ») doivent être récupérées et traitées afin d'éviter toute contamination des eaux souterraines. Les « bio-gaz » qui résultent de la fermentation interne de la décharge doivent être captés et brûlés (risques d'odeurs et d'explosion). Enfin, le réaménagement du site à l'issue de l'exploitation doit être prévu : l'exemple ancien du Jardin des Plantes à Paris, l'exemple plus récent du golf de Dunkerque montrent tout le parti qu'on peut tirer d'une ancienne décharge.

Toutes ces sujétions peuvent renchérir le coût des décharges, dont le principal intérêt était jusqu'ici le faible prix. La mise en décharge, qui ne coûtait il y a quelques années que 80 F la tonne, peut atteindre désormais des prix de 250 F à 600 F la tonne, proches des coûts de l'incinération.

L'autre inconvénient des décharges est bien sûr qu'elles consomment une denrée parfois rare, l'espace : un bon terrain, bien étanche, pas trop loin de la ville et... pas trop près des habitations, est rare dans les régions denses. L'idée prévaut qu'il est dommage de gas-

1. Plus de 90 % des déchets au Canada, environ 50 % aux États-Unis ou dans l'Union européenne (en moyenne), mais moins de 30 % au Japon.

piller ces bons terrains, de « brûler ses cartouches », en mettant *toutes* les ordures ménagères à la décharge ; et qu'il serait beaucoup plus sage de les réserver pour les fractions non traitées par le procédé choisi : « refus » de compostage, résidus d'incinération..., ceux qu'on appelle les « déchets ultimes ». La loi française de juillet 1992 prévoit d'ailleurs qu'à compter de 2002 seuls ces « déchets ultimes » pourront être mis en décharge.

3. **Le recyclage et la collecte sélective de certains déchets ménagers.** — Le recyclage des textiles, des vieux papiers, du verre, du plastique, des métaux... ne date pas d'hier pour certains de ces matériaux. Les chiffonniers du XIXe siècle extrayaient soigneusement les textiles des poubelles, et les chiffonniers d'Emmaüs ont pris, au XXe siècle, le relais pour les papiers-cartons.

L'histoire de la récupération est, à vrai dire, bien chaotique, au gré des débouchés et des cours des matériaux récupérés : les textiles n'ont plus beaucoup fait recette quand les papeteries ne s'en sont plus servi, les papiers-cartons cessent d'intéresser les communes quand le marché s'effondre...

Actuellement, en France, on considère qu'on récupère dans nos déchets *ménagers* :

- 50 % du *verre* en 1998, alors que Suisse, Allemagne ou Autriche dépassent allègrement les 70 %. C'est pourtant le matériau le mieux récupéré, notamment grâce à l'implication directe des verriers (90 % de la population sont desservis par une collecte sélective). L'essentiel du verre récupéré n'est *pas réemployé* en bouteilles entières mais *refondu*[1] ;
- 12 % des *papiers-cartons* en 1998 : c'est peu[2] !
- 20 % des *textiles* : les associations caritatives sont en première ligne pour le ramassage ; une partie des vêtements est réutilisable (pays en développement), le reste est converti en

1. L'expérience « Éco-bouteilles », à Rungis, en région parisienne, s'est avérée décevante : seulement 12 % du verre récupéré a pu être réemployé en bouteilles (problèmes de casse, de lavage, de couleurs, de formes différentes : plus de 1 000 formes différentes en France !).

2. Le taux de récupération *total* des vieux papiers en France atteint pourtant 45 % (en 1999), mais pas chez les ménages.

chiffons d'essuyage, ou en « effilochés » pour fabriquer des textiles neufs ;
— 5 % des *bouteilles plastiques en PVC* en 1998 : on en est au balbutiement (encore ne s'agit-il que de *l'un* des multiples plastiques ménagers !) ;
— près de 70 % pour le *fer*, chiffre important puisque les ferrailles sont facilement récupérables par tri magnétique dans toutes les usines de traitement.

Cela étant, au-delà des effets de mode ou des vicissitudes des marchés, il faut s'interroger sur les *justifications profondes* des collectes sélectives. Il y en a trois possibles :

— Du point de vue du *matériau* recyclé, attendre une économie *financière* (ce matériau usagé a de la « valeur »), une économie *de matières premières* (le bois pour le papier) ou une économie *d'énergie* (recyclage du verre ou de l'aluminium).

— Du point de vue du *traitement global des ordures*, espérer une amélioration *qualitative* du traitement (en séparant le verre, on évitera de le retrouver inerte dans les « refus » d'incinération et de compostage) ou simplement *quantitative* (en recyclant tout ce qui est possible, on allège d'autant la quantité d'ordures à traiter par des procédés qui, on l'a vu, seront de plus en plus coûteux) : même si les vieux papiers sont bradés à prix nul, cela vaut mieux que de les « traiter » à 500 F la tonne !

— Du point de vue de l'*environnement*, éviter par une collecte sélective la dispersion dans la nature de déchets ménagers non mélangeables aux autres ordures ménagères : déchets encombrants (appareils ménagers, épaves automobiles[1], pneus[2]...) ou déchets dangereux (huiles usées[3], piles au mercure[4], médica-

1. En France, les épaves sont broyées pour récupérer, surtout, la ferraille : 20 % à 30 % du poids de l'épave n'est donc pas recyclé. Les constructeurs automobiles européens, cependant, ont cnstruit récemment des unités pour mieux « dérosser » les véhicules et mieux en recycler les composants, notamment plastiques.

2. En France, en 1999, 45 % des pneus étaient recyclés. Leur sort était le suivant : 20 à 25 % rechapés, 10 % incinérés avec récupération d'énergie (notamment en cimenteries), 12 % valorisés sous diverses façons (caoutchouc régnéré, mélangé à l'asphalte, etc.).

3. En France, en 1998, 93 % des huiles usées ont été ramassées (par des ramasseurs agréés), pour être soit régénérées (33 %), soit brûlées (64 %), en grande partie dans des cimenteries.

4. En vertu d'une directive européenne de mars 1991, le décret du 12 mai 1999 oblige les fabricants et distributeurs de piles à organiser des circuits de collecte des piles et batteries usagées, en vue de les recycler ou de les éliminer.

ments, déchets toxiques tels que peintures ou solvants en petites quantités dispersées, frigos contenant des CFC[1]).

Pour en terminer avec la collecte sélective, précisons que de multiples méthodes ont été utilisées :

— *L'apport volontaire :* soit dans des *conteneurs* (l'essentiel du verre est ainsi collecté en France), soit chez des *commerçants* (garagistes, pharmaciens, vendeurs de piles, supermarchés pour les bouteilles...), soit dans des *déchetteries* (notamment pour les déchets encombrants et spéciaux – huiles, pneus, solvants, piles...).

— *La collecte à domicile :* en instituant des jours spéciaux de collecte pour certains déchets ou en collectant le même jour que les ordures normales, mais dans des poubelles ou dans des sacs différents. Il est difficile, en pratique, d'imposer plus de trois poubelles ou sacs différents[2]. La fréquence des collectes joue un grand rôle sur les tonnages recueillis.

La collecte à domicile est bien sûr plus performante, mais plus chère que les systèmes d'apport volontaire. Ceux-ci peuvent être encouragés par une *consigne* : déjà en vigueur pour beaucoup de bouteilles en verre et, au Danemark et en Allemagne, pour les bouteilles en plastique, elle pourrait être envisagée pour les emballages, pour les épaves automobiles, pour les pneus, pour les piles et batteries...

II. — Les déchets industriels

La France produisait, en 1998, environ 100 millions de tonnes de déchets industriels (déchets *inertes,* tels que gravats, déblais, etc., non compris), dont 94 millions *banals* assimilables à des ordures ménagères et 7 « spéciaux », donc spécifiques de l'activité industrielle.

1. Voir chapitre II, « L'air », § III.
2. Le tri peut par exemple se faire :
— entre *recyclables* (verre, papier, métaux, plastiques) et *non recyclables* : c'est la poubelle bleue de Dunkerque (Nord) ;
— entre fermentescibles (alimentaires, jardins, papiers) et non fermentescibles : c'est la poubelle verte de Bapaume (Pas-de-Calais).

Ces déchets « spéciaux » dangereux, générés par les procédés de fabrication, peuvent être :

— des déchets *organiques*, tels que déchets d'hydrocarbures, goudrons, solvants usés, boues de peinture ;
— des déchets *minéraux liquides*, tels que les bains de décapage et de traitement de surface des métaux ;
— des déchets *minéraux solides*, tels que les sables de fonderie, les sels de trempe cyanurés.

Les déchets spéciaux comprennent également les déchets ultimes provenant de la dépollution de l'eau et de l'air : boues de traitement des eaux, résidus de traitement des fumées, cendres volantes et mâchefers (voir chap. I et II).

On peut noter qu'en gros les industries des *métaux* au sens large (métallurgie, traitement de surface, mécanique), du *pétrole* et de la *chimie* au sens large (y compris la pharmacie et les peintures-vernis) sont les plus pourvoyeuses de déchets dangereux.

1. **Le traitement des déchets industriels.** — Hormis le recyclage (voir § 2) ou la prévention (voir le chap. « Produire propre »), le traitement des déchets industriels peut se faire selon trois méthodes : *l'incinération, le traitement physico-chimique, la décharge.* Il a lieu, soit dans les usines elles-mêmes (pour à peu près la moitié des déchets), soit dans des centres de traitement ou d'enfouissement spécialisés :

France : traitement des déchets industriels spéciaux

Types de traitement	*Nombre de centres en 1998*	*Tonnage traité en 1998*
Incinération	52 ([1])	1 690 000
(dont cimenteries)	*(23)*	*(730 000)*
(dont évapo-incinération)	*(13)*	*(220 000)*
Traitement physico-chimique	19 ([1])	350 000
Décharges spécialisées	12	800 000
Stockages souterrains	1	25 000

([1]) Au total 63 centres en France, certains centres faisant à la fois l'incinération et le traitement physico-chimique.

Le premier centre de traitement de déchets industriels (Hombourg, en Alsace) remonte aux débuts des années 1970. Auparavant, il n'existait pratiquement aucune solution avouable pour les déchets industriels. Trente ans plus tard, une soixantaine de centres existent donc en France, de tailles très diverses, mais de plus en plus gérés par de grands groupes industriels :

— *L'incinération :* celle-ci n'a lieu que rarement dans des usines d'ordures ménagères qui doivent être spécialement adaptées. Il s'agit bien plus souvent de centres spécialisés. Il faut noter que les *cimenteries* absorbent une part rapidement croissante des déchets combustibles[1] : en 1998, 43 % de l'incinération, alors que cette filière n'existait guère en 1980 ! *L'évapo-incinération* s'applique à des déchets liquides dilués : on évapore d'abord l'eau, afin de brûler un déchet concentré.

— *Le traitement physico-chimique* consiste soit à détoxiquer les déchets (neutralisation des acides, décyanuration, etc.), soit à séparer les déchets en plusieurs phases (casser les émulsions huileuses pour séparer eau et huiles, filtrer ou centrifuger).

— *La décharge* a été, là aussi, rebaptisée « centre d'enfouissement technique ». Celles qui sont spécialisées pour les déchets industriels (« de classe 1 », dit-on en France) doivent respecter, encore un peu plus, toutes les précautions déjà énoncées pour les déchets ménagers (notamment en ce qui concerne les eaux de ruissellement). Un mode d'enfouissement particulier est le stockage dans *d'anciennes mines profondes* de sel (en Allemagne) ou de potasse (en Alsace) pour des déchets très spécifiques (l'intérêt est que les mines de sel et de potasse sont *absolument* dépourvues d'eau).

2. **Le recyclage des déchets industriels.** — Comme pour les ordures ménagères, le recyclage de déchets peut avoir plusieurs buts : économie de matières premières, économie d'énergie, économie sur le traitement des déchets.

1. Leurs fours ont l'avantage d'avoir des températures plus élevées (jusqu'à 2 000° !) et donc plus destructeurs ; les gaz acides (sulfureux, chlorhydriques) sont neutralisés par le calcaire (qui constitue 80 % du ciment) ; les métaux lourds sont piégés dans le ciment produit ; et les poussières sont retenues par les puissants électrofiltres des cimenteries et recyclées dans la cimenterie. Cette filière de traitement, qui, de surcroît, valorise l'énergie des déchets, a pu être qualifiée de « filière en béton ».

La récupération de certains « matériaux-déchets » est depuis longtemps pratiquée dans l'industrie, notamment dans quatre secteurs : ferrailles, métaux non ferreux (plomb, cuivre, aluminium, zinc), papiers, verre. Deux problèmes distincts se posent d'ailleurs : savoir *récupérer* les matériaux usés, savoir *réutiliser* les matériaux récupérés. Certaines idées fausses circulent d'ailleurs à ce sujet, car on dit trop souvent qu'on manque de débouchés. En France, pour les vieux papiers, c'est le contraire : les papeteries *utilisaient* en 1999 55 % de vieux papiers dans leur production, mais on n'en *récupérait* que 45 % (et, du coup, les papeteries françaises importent des vieux papiers) ! En revanche, aux États-Unis, en Allemagne, en Grande-Bretagne, on récupère plus qu'on n'utilise.

Le recyclage du plastique est faible actuellement (8 %). La difficulté est qu'il n'y a pas *un* plastique, mais de *nombreux* plastiques aux propriétés très différentes (polyéthylène, polystyrène, PVC, PET, etc.) : les fabrications de tuyaux, de poteaux ou de pieux, de films ou de bouteilles en plastique régénéré, l'utilisation de déchets de plastique dans les revêtements routiers sont encore embryonnaires.

Certains déchets industriels *spéciaux* sont en revanche recyclés, notamment les huiles et les solvants.

Enfin, notons que des *bourses de déchets* ont été mises en place, afin de mettre en relation des producteurs de déchets et d'éventuels utilisateurs (13 bourses régionales en France).

L'un des freins au recyclage est l'existence de normes de qualité pour beaucoup d'objets : ça se comprend parfois (par exemple pour les plastiques en contact avec les denrées alimentaires), mais c'est, trop souvent, un protectionnisme abusif des matières neuves.

3. **Les transports transfrontaliers de déchets dangereux.** — Les fameux fûts de Seveso, retrouvés en France à Saint-Quentin, l'errance de navires-poubelles refusés par tous les ports, les exportations de déchets dangereux en Afrique ou dans les pays de l'Est (l'immense décharge de Lübeck) ont suffisamment dé-

frayé la chronique pour que l'ensemble des gouvernements mondiaux veuille mettre un terme à ce « tourisme » des déchets dangereux.

Le principe de proximité prévaut de plus en plus dans le traitement des déchets, qu'ils soient d'ailleurs dangereux ou simplement ménagers. Sacrée révolution des mentalités, plutôt marquées jusqu'ici par le syndrome NIMBY (« Not in my backyard » – pas dans ma cour, *e-limen...*) et donc par la tentation de se débarrasser bien loin de ses déchets... Un équilibre reste cependant à trouver. Le transport de déchets sur de longues distances fait courir des risques d'accident ou de « perte » en chemin. Inversement, certains déchets très « pointus » méritent des traitements spécifiques qui gagnent à être effectués dans des centres importants, performants, spécialisés et donc en petit nombre à l'échelle de l'Europe (ce qui est, d'ailleurs, plus facile pour leur contrôle).

Autre problème : comment traiter les mouvements transfrontaliers de déchets *recyclés* ou *valorisés* ? Certains, pour favoriser le recyclage, souhaitent les exonérer de toute procédure bureaucratique lors du passage des frontières, d'autres craignent que parfois un « train » de déchets recyclables ne cache un « train » de déchets dangereux. Difficile débat...

Les textes internationaux les plus récents (règlement européen de 1993, convention de Bâle de l'ONU de 1989, accord OCDE de 1992) tiennent compte des remarques précédentes.

Le règlement européen interdisait au départ *l'élimination* d'un pays de la Communauté vers un pays hors AELE, mais permettait *la valorisation* (sauf vers les 70 pays d'Afrique, des Caraïbes et du Pacifique avec lesquels a été signée la convention de Lomé, qui proscrit purement et simplement toute exportation de déchets). Depuis 1998, le transport de certains déchets à *valoriser* est aussi interdit. À noter une disposition originale de ce règlement : tout transfert de déchets doit désormais s'accompagner du paiement d'une caution, qui n'est remboursée que si le déchet arrive à bon port.

4. **Les anciennes décharges de déchets dangereux.** — Le traitement correct des déchets industriels étant, on l'a vu, relativement récent, il subsiste, dans le monde entier, une multitude de décharges du passé, dangereuses pour les eaux souterraines ou pour la santé des populations environnantes. Tous les pays industrialisés se sont donc attelés au recensement de ces *sites pollués* et à leur résorption. Mais les coûts de nettoyage du passé s'avèrent souvent astronomiques. Cela pose le problème du financement, sachant que, souvent, les auteurs des déversements sont, ou disparus, ou insolvables (on dit dans ce cas que les sites pollués sont « orphelins »). Les États-Unis ont pris le taureau par les cornes en créant un Fonds de garantie (le « Superfund »), alimenté par des taxes sur les produits pétroliers ou chimiques. La France a publié fin 1994 une liste de 669 sites pollués et la loi de février 1995 avait institué une taxe sur les déchets industriels spéciaux, dont le produit était au départ exclusivement affecté à la résorption des sites pollués orphelins (voir § V ci-après).

III. — Les déchets agro-alimentaires

Les déchets agro-alimentaires représenteraient *quantitativement* la plus grosse part de nos déchets, en France 380 millions de tonnes, soit 10 à 15 fois plus que nos déchets ménagers !

Déchets agro-alimentaires, en France en 1998
(en millions de tonnes)

Déjections animales (fumiers, lisiers...)	280
Résidus de cultures (pailles, cannes, tiges, feuilles)	50 à 70
Scieries et industries du bois (hors exploitation forestière)	6
Industries agro-alimentaires (sucreries, distilleries, brasseries, laiteries, fruits et légumes, viande)	43

Malgré cette quantité considérable, on parle parfois peu des déchets agricoles au motif que, *qualitativement*, ces déchets « naturels » poseraient moins de problèmes que les déchets ménagers ou industriels, étant plus facilement *retournés à la terre ou valorisés* (notamment en alimentation animale ou humaine).

Il s'agit sans doute là d'une vision « idyllique » de la situation des déchets agricoles :

— *Le retour à la terre* pose en effet de plus en plus des problèmes d'espace ou de pollution. Les bassins à terre des sucreries ont parfois bien du mal à s'étendre en surface et beaucoup regrettent que la terre accrochée à la betterave ne soit pas au maximum décrottée sur place, au lieu d'être transportée jusqu'à la sucrerie pour y faire, ensuite, des montagnes de terre. En ce qui concerne les déjections animales, on sait que leur retour à la terre excède dans certaines régions d'élevage intensif (Bretagne en France) les capacités d'accueil des sols : les lisiers de porcs ou de volailles débordent littéralement, créant des problèmes de plus en plus préoccupants de pollution des eaux de surface ou souterraines ou des sols (voir chap. I).

— *La valorisation en alimentation animale* de certains déchets doit être sanitairement irréprochable. On sait l'émotion créée par la maladie de la « vache folle », qui a touché des milliers de bovins et qui est très probablement due à leur alimentation à partir de déchets animaux insuffisamment traités : il est des cas où le « recyclage » a ses limites...

IV. — Les déchets nucléaires

Les déchets radioactifs peuvent provenir, soit (pour 15 %) de laboratoires de recherche ou de la médecine, soit (pour 85 %) de la production d'énergie nucléaire.

Il faut d'abord rappeler que les déchets radioactifs se caractérisent, d'une part par leur plus ou moins grande *activité* (qui crée le danger), d'autre part par leur *durée de vie* (certains corps radioactifs se désintègrent instantanément, d'autres « vivent » des milliers, voire des millions d'années).

Il faut aussi rappeler que les déchets des centrales nucléaires peuvent être : soit le « combustible » (uranium) *usé* retiré du réacteur, soit des *déchets technolo-*

giques dûs au fait que des gaines, tuyaux et autres éléments de la centrale sont inévitablement contaminés (auxquels il faut assimiler les déchets de *démantèlement* des centrales).

Ces *déchets technologiques* des centrales (ainsi que les déchets radioactifs médicaux) sont des déchets de catégorie A, ayant un *double mérite* : vie courte (1 000 fois moins en trente ans) *et* faible activité. Ils ne posent guère de problèmes. En France, ils sont stockés en surface, dans de simples caissons de béton : d'abord à La Hague (Manche), puis à Soulaines (Aube). Dans d'autres pays, ils sont stockés dans des galeries ou des tranchées, accessibles, à *faible* profondeur.

En revanche, le *combustible usé* a un *double inconvénient* : vie longue *et* haute activité (déchets de catégorie C). Certains pays, dont la France, ont décidé de régénérer, on dit de « retraiter », le combustible usé, en en extrayant l'uranium et le plutonium qui pourront être réutilisés en centrale. Ne restent alors que 3 % de déchets de haute activité, qu'on piège dans du verre. Une fois vitrifiés, ces déchets résiduels demandent quatre à cinq fois moins de place pour être stockés. Malheureusement l'usine de retraitement produit d'assez volumineux déchets *intermédiaires* (catégorie B), de faible et moyenne *activité* certes, mais contaminés avec des éléments *à vie longue*. Or, la présence de ces éléments à vie longue fait que, malgré leur moindre activité, les déchets de catégorie B sont passibles du *même* traitement « lourd » que les déchets C... : dans ces conditions, du *seul* point de vue de la gestion des déchets, on peut s'interroger sur l'utilité du retraitement des combustibles usés (qui reste néanmoins utile, à long terme, du point de vue du recyclage et donc de l'économie du combustible « uranium »).

En tout état de cause la solution la plus souvent envisagée pour ces déchets à vie longue est, après refroidissement en surface pendant quelques dizaines d'années (notamment pour les déchets à forte activité, qui dégagent beaucoup de chaleur), de les enfouir à grande profondeur (plusieurs centaines de mètres) dans des couches géologiques *adéquates* : sans circulation d'eau souterraine, sans risque sismique, etc. Quatre types de roches semblent particulièrement intéressants : le sel (pas une once d'eau, roche très plastique), l'argile, le granit, les schistes. Pour des déchets dont la vie risque de durer des millions d'années, la *stabilité* et l'*étanchéité* des roches choisies à une échelle de temps « géologique » sont évidemment primordiales. En France, la loi de décembre 1991 a donné mission à l'ANDRA (Agence nationale pour la gestion des décrets radioactifs) de rechercher deux « laboratoires souterrains d'étude » pour le stockage des déchets radioactifs à vie longue. Un premier site, dans l'argile de la Meuse, à Bure, à 500 m de profondeur, sera ouvert en 2002. L'ANDRA recherche un second site, dans le granit.

Pour terminer, il faut signaler que des recherches sont effectuées, d'une part pour extraire chimiquement dans le combustible usé les corps à vie très longue, tels le neptunium ou l'américium (c'est ce qu'on appelle la « séparation ») puis d'opérer la « transmutation » de ces corps en éléments à vie courte par bombardement neutronique, notamment dans les réacteurs surgénérateurs : savante alchimie ! D'autres imaginent, *sans* avoir procédé au préalable à la séparation et donc au retraitement poussé, de bombarder *directement* les déchets grâce à des accélérateurs linéaires de particules. Plusieurs pays mènent d'importants programmes de recherche sur la séparation et la transmutation : « SPIN » en France, « OMEGA » au Japon, etc.

V. — **Réglementation des déchets**

La France avait voté dès 1975 une excellente loi-cadre sur les déchets, mais bien peu de ses articles ont été jusqu'ici appliqués. Cette loi prévoyait notamment :

- que les communes ont l'*obligation* de collecter les déchets, au moins une fois par semaine dans les villes ou villages de plus de 500 habitants (décret du 7 février 1977) ;
- que des *plans d'élimination des déchets* seraient dressés (dans chaque département pour les déchets ménagers et dans chaque région pour les déchets industriels) ;

— que pourraient être *réglementées, voire interdites, la fabrication et la mise en vente de produits générateurs de déchets difficiles à éliminer* (deux applications : pour les PCB, fluides qu'on trouvait dans les transformateurs électriques, et pour les piles, dans les deux cas en vertu d'une directive européenne) ;
— que les producteurs de produits générateurs de déchets peuvent être obligés de contribuer à leur élimination (le décret du 1er avril 1992 oblige *les producteurs* de produits ménagers emballés, soit à récupérer eux-mêmes leurs emballages, soit à confier cette récupération à un organisme agréé, type *« Éco-emballages »*, celui-ci pouvant notamment aider les communes à collecter sélectivement ou à trier les emballages) ;
— que pour certains déchets, les éliminateurs doivent être agréés par l'administration et même parfois les ramasseurs (c'est, notamment, le cas pour les huiles usées en vertu du décret du 21 novembre 1979 et pour les emballages industriels en vertu du décret du 13 juillet 1994) ;
— que la récupération des matériaux ou de l'énergie doit être encouragée, voire obligatoire (c'est le cas pour les huiles usées et pour les emballages industriels en vertu des décrets précités ; ce sera bientôt le cas pour *tous* les emballages en vertu de la directive européenne du 16 décembre 1994) ;
— qu'on peut même imposer une « proportion minimale » de matériaux récupérés dans certains produits (aucun décret d'application...), ou que la promotion et la publicité *discriminatoires* en faveur du neuf et aux dépens du recyclé sont interdites !

Cette loi, enfin, a créé l'ANRED, l'Agence nationale pour la récupération et l'élimination des déchets (« fondue », depuis 1991, dans la grande « Agence de l'environnement et de la Maîtrise de l'énergie », l'ADEME).

La nouvelle loi de juillet 1992 a introduit des innovations très intéressantes :

— à compter de 2002, les décharges ne devront plus accueillir que les *« déchets ultimes »* (voir p. 65 et 68) ;
— une décharge ne pourra être ouverte qu'après la constitution d'une *garantie financière* pour la surveillance et la remise en état finale du site ;
— une *commission locale d'information et de surveillance* peut être créée auprès de chaque décharge ou centre de traitement.

Des taxes ont été créées :

— en 1979, sur les huiles, pour favoriser la valorisation des huiles usagées ;
— en 1992, sur les déchets ménagers et assimilés mis en décharge, pour aider les communes à éliminer autrement leurs déchets ;
— en 1995, sur les déchets industriels spéciaux, pour résorber les sites pollués orphelins.

Depuis 1999, toutes ces taxes ont été fondues dans la TGAP (taxe générale sur les activités polluantes) et leur produit n'est plus exclusivement affecté à des actions environnementales.

D'autres réglementations peuvent être mentionnées, succinctement :

— toutes celles qui empêchent le dépôt de déchets sur des terrains publics ou privés ;
— le Code de la construction et le « Règlement sanitaire départemental » qui édictent des normes d'élimination des déchets dans les immeubles (habitations, commerces, etc.) ;
— le Code de la santé publique, qui réglemente, depuis un décret du 6 novembre 1997, l'élimination des déchets de soins ;
— la loi de juillet 1976 sur les installations « classées » dangereuses qui s'applique aux déchets de l'industrie, mais aussi aux installations d'élimination des déchets (décharges, usines d'incinération). À noter que des normes européennes sont désormais imposées aux usines d'incinération des déchets ménagers (directive de juin 1989) et des déchets dangereux (directive de décembre 1994) ;
— le Code de la route pour les *épaves* automobiles ;
— en ce qui concerne les *déchets nucléaires,* les décrets du 11 décembre 1963 et du 13 mars 1973, la loi de décembre 1991 et le décret du 16 juillet 1993 relatifs à l'Agence nationale pour la gestion des déchets radioactifs (ANDRA) et à la création de « laboratoires souterrains d'étude » pour stocker les déchets radioactifs à vie longue, le décret du 22 septembre 1994 relatif aux transferts de déchets radioactifs entre pays.

Chapitre V

PRODUIRE PROPRE ET SANS RISQUE

« Mieux vaut prévenir que guérir. » Tous les chapitres précédents ont certes montré qu'on pouvait lutter contre les nuisances du monde moderne :

— en bout de chaîne (la victime du bruit met son casque, la victime de la pollution de l'air met son masque, le producteur d'eau potable dénitrifie une eau trop chargée en nitrates) : solution bien peu équitable, où on laisse la victime « se débrouiller » ;
— en éloignant les auteurs et les victimes des nuisances (périmètres de protection autour des aéroports, autour des puits d'eau potable...) ;
— en épurant les pollutions (les eaux usées, les gaz des cheminées, les déchets dangereux...).

Mais l'idée prévaut désormais qu'il vaut mieux lutter contre le mal *à la source*, *produire propre* : soit en fabriquant des *produits* propres, soit en inventant des *productions* propres.

I. — Les produits propres

1. **La promotion des « éco-produits ».** — Produits « verts », « écologiques », « biologiques », « naturels », se multiplient à foison. Parfois la guerre fait rage, comme ce fut le cas pour les lessives sans phos-

phates. Qu'on en juge : des produits d'entretien « verts », des peintures à l'eau (sans solvant, ni plomb, ni chrome, ni titane), des voitures électriques, des carburants ou lubrifiants naturels (les agro-carburants faits de topinambour, de colza ou de tournesol), des éponges « écologiques » (faites d'une fibre spéciale et sans produit d'entretien), des plastiques biodégradables, des insecticides « douce nature », des batteries électriques « vertes » (sans plomb ni acide), des huiles biodégradables « cycle vert » pour les machines agricoles, des effaceurs de machines à écrire sans solvant, des « cuirs de mer » (tanneries moins polluantes à partir de peaux de poissons), des avertisseurs automobiles insonores (qu'on n'entend qu'*à l'intérieur* des autres voitures !), des vaisselles biodégradables (adoptées dans les trains allemands : assiettes en maïs et tasses en pâte à pain)... ! Des magasins ont lancé des gammes vertes, certaines chaînes de distribution se sont même spécialisées : des « eco-stores » au Canada et le premier supermarché écologique français ouvert en 1991 près de Toulouse ! Le clou est évidemment les SICAV vertes lancées sur le marché financier au seuil des années 1990...

La difficulté pour le citoyen et le consommateur est évidemment de démêler dans tout cela le vrai du faux[1], ou du moins le sérieux du gadget. L'une des principales impostures est d'ailleurs de faire croire que « naturel » équivaut à « inoffensif » : chacun sait que des poisons violents se trouvent dans la nature. C'est pourquoi on assiste en ce moment à un effort de normalisation des appellations « biologique », « écologique » ou autres.

En ce qui concerne par exemple les produits agricoles « biologiques », une loi française de 1980 puis un règlement européen de 1991 ont édicté des règles et institué des contrôles. Dans plusieurs pays, des procédures officielles de labels écologiques ont

1. Les autos « vertes » ou motos « vertes », destinées en fait à « envahir » les espaces naturels, usurpaient leur nom et ont été interdites en dehors des routes et des chemins, par une loi française de 1991.

été mises au point : de l'« Ange bleu » allemand au « Cygne blanc » scandinave, en passant par le « Sceau vert » américain, l'« Eco-mark » japonais, le « choix environnemental » canadien, la marque « NF-Environnement » française ou le label écologique européen. La plupart de ces labels ont été créés au seuil des années 1990. Seul le label allemand, créé en 1977, fait figure de pionnier. En 2000, le label écologique européen était en vigueur pour de nombreux produits (machines à laver, frigidaires, textiles, chaussures, matelas, papiers-toilette, détergents textiles, peintures et vernis, ampoules, ordinateurs personnels, terreaux...).

Le problème le plus difficile est de savoir comment on apprécie le caractère écologique d'un produit. Dans toute la liste d'exemples cités ci-dessus, on s'aperçoit qu'un produit peut être propre *lors de son usage* (une machine silencieuse), ou bien *en amont* lors de sa fabrication ou de son transport (moins de pollution ou moins de consommation d'énergie) ou bien *en aval* lors de son élimination (déchets plus faciles à traiter ou à recycler). Il semble donc nécessaire de tenir compte de *l'ensemble du cycle* du produit, « du berceau à la tombe ».

Cet *éco-bilan* global donne parfois des surprises. Ainsi une grande chaîne de distribution suisse, très axée sur les éco-produits, et *a priori* hostile aux plastiques, s'est aperçue que l'éco-bilan des pots de yaourt donnait, de loin, la faveur aux gobelets en plastique, devant le carton, le verre étant bon dernier (même avec un taux de retour de 60 % des pots de verre !). La même chaîne, à la suite d'un éco-bilan *global*, a remplacé l'emballage aluminium du chocolat par une feuille plastique ! En revanche, cette méthode de l'éco-bilan a montré qu'il valait mieux des *recharges* de savon ou de lait plutôt que des flacons neufs.

2. **L'interdiction des produits dangereux.** — Il ne suffit pas d'encourager les bons produits, il faut aussi interdire les produits nocifs. Les législations française et, souvent, européenne, ont institué des procédures *d'autorisation* pour les produits suivants :

— médicaments, cosmétiques, désinfectants, matériaux en contact avec les produits alimentaires, additifs alimentaires,

pesticides, engrais, explosifs, produits utilisés dans la fabrication d'eau potable, substances radioactives ;
— il faut aussi citer les lois sur la qualité des carburants (essence sans plomb, gazole sans soufre), les véhicules non polluants ou les engins non bruyants.

En dehors de ces catégories *particulières* de produits, des lois plus *générales*, basées sur la protection de l'environnement, des travailleurs, ou des consommateurs, permettent d'interdire des produits qui se révéleraient dangereux.

Ainsi, en France, le TBT des peintures anti-salissures des petits bateaux, les PCB des transformateurs électriques ou les détergents qui ne seraient pas biodégradables à 90 % ont été interdits. C'est aussi le cas des CFC dans les aérosols ou les frigidaires (voir chap. II), de certains produits de traitement du bois, de certains produits au cadmium, de certaines peintures au plomb...

Ne faudrait-il pas, au risque de mécontenter quelques bricoleurs, proscrire les bombes à peinture, avec lesquelles les « taggeurs » défigurent nos villes ?

La difficulté, quand on interdit un produit, est de s'assurer de l'innocuité des produits de remplacement, afin de ne pas tomber « de Charybde en Scylla ». Des controverses se sont fait jour en ce qui concerne les substituts des phosphates dans les lessives, des CFC, etc.

3. **Le contrôle des produits chimiques.** — Qu'on les appelle « micropolluants » (pollution de l'eau), ou « polluants en trace » (pollution de l'air), on est de plus en plus inquiet des multiples substances chimiques inventées par l'homme et disséminées dans l'environnement « sans autre forme de procès ».

Les lois française (1977), puis européenne (1979), sur le « contrôle des produits chimiques » obligent désormais à fournir un dossier physique, chimique, toxicologique (effets sur l'homme et sur l'environnement) avant la commercialisation d'une nouvelle substance. De ce fait, il n'y avait dans toute la communauté européenne qu'environ 300 substances chimiques nouvelles acceptées chaque année à la fin de la décennie 90. Reste maintenant à évaluer la toxicité des... 100 000 substances mises en vente avant 1981. Tous les organismes internationaux (ONU, OCDE, CE) et l'industrie se sont attelés à cette tâche gigantesque, mais nécessaire, en dressant des priorités. Tout cela avance bien lentement, néanmoins : entre 1995 et 2000, la Communauté européenne n'avait évalué que... 150 anciennes substances !

Ce contrôle des nouvelles substances chimiques est pourtant la mesure la plus révolutionnaire et la plus favorable à l'environnement de ces dernières années. L'homme, désormais, n'a plus le droit de jouer les apprentis-sorciers.

II. — Les productions propres

1. **Les technologies industrielles propres.** — On le dit souvent : épurer c'est bien, produire propre c'est mieux. Un pot catalytique pour épurer les gaz d'échappement d'une voiture c'est bien, un moteur qui serait *intrinsèquement* propre, ce serait mieux.

On qualifie parfois de technologies industrielles propres, des opérations consistant seulement à *recycler l'eau* (afin de diminuer les rejets à traiter) ou bien à recycler ou à valoriser *des produits* que naguère on rejetait (des bains de teinture, des bains de solvants, des bains d'acides, etc.).

Mais les technologies propres sont plus impressionnantes quand elles modifient *le principe même* de la fabrication : par exemple en décapant des pièces en métal par frottement mécanique (au lieu de les tremper dans des bains d'acides), en vulcanisant le caoutchouc par micro-ondes (au lieu de le tremper dans des bains de sels fondus), ou en pelant mécaniquement les légumes (au lieu de les tremper dans des bains).

2. **L'agriculture écologique.** — L'agriculture intensive de cette fin de siècle est à l'origine, on l'a vu, de

pollutions de l'eau de plus en plus préoccupantes, par les engrais (nitrates) et les pesticides (voir chap. I, « L'eau »). L'excès de consommation de ces produits est à la fois une menace pour l'environnement, mais souvent, aussi, une perte inutile pour l'agriculteur[1]. Ces pollutions sont d'autant plus difficiles à juguler qu'elles sont *diffuses* et qu'on ne peut donc imaginer de « station d'épuration », comme à la sortie d'une ville, d'une usine, voire d'un élevage industriel. Le *seul* remède est bien, ici, de produire propre.

A) En ce qui concerne *les nitrates*, les méthodes suivantes ont d'ores et déjà été utilisées :

— *Ajuster les doses d'engrais aux besoins de la plante*, en épandant les bonnes quantités aux meilleurs moments et, si possible, en fractionnant l'apport aux moments clés de la croissance de la plante. On peut aussi mesurer la teneur en azote des sols ou des plantes, afin de ne pas en ajouter inutilement.

— *Améliorer le mode d'épandage* des engrais : il a été prouvé que *l'injection souterraine* sous forme liquide ou gazeuse au niveau des racines facilite l'assimilation et donc diminue les pertes.

— *Éviter les « pertes » d'azote*, qui se produisent principalement quand le sol est nu ou peu couvert : d'où l'idée d'implanter des cultures d'hiver qui consomment le reliquat d'azote du sol et évitent son lessivage. Ces cultures peuvent être soit récoltées après l'hiver, soit *enfouies* par *labourage* dans le sol (la plante enfouie servant alors d' « engrais vert » pour la culture de printemps qui suit).

Toutes ces méthodes font l'objet, sur le terrain, de conseils aux agriculteurs (opérations « FERTIMIEUX »).

B) En ce qui concerne *les pesticides* (insecticides, herbicides, fongicides), on fonde beaucoup d'espoirs sur :

— *Des produits plus ciblés :* produits qui bloquent les hormones juvéniles des insectes (et, du coup, provoquent la mue

1. Une étude effectuée par l'INRA en 1990 a même montré qu'un agriculteur peut avoir un intérêt financier à économiser des engrais ou des pesticides, quitte à perdre en rendement : un blé à 80 quintaux/hectare, selon l'INRA, ne dégage pas une meilleure marge qu'un blé à 65 quintaux/hectare, cultivé sans recours aux engrais, ni fongicides, ni régulateurs de croissance !

précoce des larves et leur mort), ou produits qui répandent des « phéromones » (ces substances chimiques par lesquelles les insectes *communiquent* : en en rajoutant, on « brouille » pour ainsi dire les communications, notamment le « langage sexuel » et donc la reproduction).

— *La lutte biologique :* libération massive d'insectes *stérilisés* dans une population naturelle, utilisation soit de parasites soit de prédateurs des insectes nuisibles[1], libération de micro-organismes qui tuent les insectes[2]. Il pourrait s'agir à l'avenir de *micro-organismes génétiquement modifiés,* dont la dissémination dans la nature doit cependant s'accompagner d'immenses précautions[3].

III. — Produire sans risques

Il ne suffit pas de maîtriser les pollutions *chroniques*, encore faut-il prévenir les *accidents majeurs* qui, bien sûr, frappent l'imagination et qui, à vrai dire, sont difficilement admissibles en ce début de XXIe siècle. On évoquera ici, quatre types de risques : industriels, nucléaires, accidents en mer, transports dangereux[4].

1. **Les risques industriels.** — L'opinion publique garde en mémoire les accidents de Feyzin (France, Rhône, 1966 – explosion de deux sphères de propane près de l'autoroute – 18 morts, 84 blessés), de Seveso (Italie, 1976 – rejet d'un nuage de dioxine par une industrie chimique – pas de morts, mais 750 personnes évacuées), de Bhopal (Inde, 1984 – nuage toxique d'une industrie chimique – 2 500 morts, des milliers de blessés), de Mexico (Mexique, 1984 – explosions dans un centre de gaz liquéfié – plusieurs centaines de

1. Voir au chapitre VI (« Nature ») le rôle bénéfique des hyménoptères.

2. La bactérie insecticide « Bacillus Thuringiensis » (BT) a sauvé des forêts d'épicéas. Des champignons herbicides protègent des vergers d'agrumes, des champs de riz ou de soja.

3. Deux directives européennes de 1990 et la loi française du 13 juillet 1992 réglementent cette dissémination.

4. On pourrait y rajouter les risques dus aux barrages ou aux tunnels.

morts). On se souvient aussi des pollutions chimiques récentes du Rhin (1986) ou de la Brenne (1988), cette dernière ayant privé d'eau la ville de Tours pendant plusieurs jours.

L'accident de Seveso a entraîné l'adoption d'une directive européenne, dite « directive Seveso » (1982), obligeant les usines à risques à faire des « études des dangers », à prévoir des plans d'intervention (internes à l'établissement et externes), à informer le public alentour et prévoyant une maîtrise de l'urbanisation (zones « franches » autour des usines). Elle s'applique, en France, à près de 400 établissements, appartenant principalement aux secteurs de la chimie, du pétrole et des gaz liquéfiés.

2. **Les risques nucléaires.** — Les accidents de Three Mile Island (États-Unis, 1979 – pas d'irradiation, mais fusion partielle du réacteur), de Tchernobyl (URSS, 1986 – explosion du réacteur sans enceinte de confinement (!) – plusieurs dizaines de morts lors de l'accident, mais sans doute beaucoup plus à terme) sont ceux qui ont le plus marqué l'imagination. Dans les deux cas (mais il en est ainsi dans 80 % des accidents ou incidents nucléaires), *l'erreur humaine* a joué un grand rôle (incapacité à gérer un accident dont l'origine était matérielle). C'est dire combien sont importants les systèmes experts automatisés qui se substitueraient à l'homme pour gérer les anomalies, ainsi que la préparation des équipes aux situations de crise.

L'Agence internationale de l'Énergie atomique (émanation de l'ONU, plus de 100 pays adhérents) s'y emploie. Cette agence entreprend, préventivement, des audits de sûreté dans les centrales et, aussi, des études d'évaluation des incidents, *a posteriori*.

En France, pays particulièrement concerné (2e puissance nucléaire civile, une soixantaine de réacteurs), le contrôle est effectué par la Direction de la Sûreté des Installations nucléaires (DSIN), rattachée aux ministères de l'Industrie et de l'Environnement.

Le principal risque nucléaire reste, cependant, celui de *la prolifération nucléaire*. L'Agence internationale tient une comptabilité très précise des matières fissiles (inspecteurs, caméras) pour éviter des détournements à des fins militaires. Mais l'apparition de nouveaux combustibles mixtes (uranium-plutonium : le « MOX ») et la complexité croissante du « retraitement » des combustibles usagés rendent leur tâche de plus en plus ardue[1].

3. **Les accidents pétroliers en mer.** — Bien que plus médiatiques, les déversements accidentels de pétrole en mer ne sont pas, et de loin, la principale cause de pollution des mers par les hydrocarbures (on estime que ceux-ci viennent pour 50 % de la terre et qu'un quart seulement des autres 50 %, marins, vient des *accidents*). Le *Torrey-Canyon* (1967), l'*Amoco-Cadiz* (1978), battant tous deux pavillon libérien, l'*Erika* (1999), battant pavillon maltais, ont défrayé la chronique en France. 5 à 10 accidents graves surviennent, chaque année, dans le monde. Il est grand temps que l'OMI (Organisation maritime internationale, émanation de l'ONU) oblige les navires pétroliers ou chimiques à avoir des doubles coques, des compartiments (pour que tout ne s'en aille pas à la mer), des liaisons-radios permanentes (il n'y a pas d'aiguilleurs de la mer comme il y a des aiguilleurs du ciel), des équipages qualifiés et sérieux. Il est temps que certaines routes dangereuses et sensibles soient interdites à ces navires. Il est temps enfin que les pays industrialisés refusent l'accès de leurs ports aux pavillons de complaisance qui enfreindraient ces règles[2].

4. **Les transports dangereux.** — Le transport, par camions, par fer, par canalisations, de substances toxiques, inflammables ou explosives est un autre risque

1. On a vu, récemment, la dramatique partie de cache-cache que se jouaient l'Irak et les inspecteurs de l'ONU.

2. Les États-Unis ont pris de telles mesures en 1990, après l'accident de l'*Exxon-Valdez* (1989).

moderne très ressenti. Les explosions d'un camion de propylène près d'un camping en Espagne (1978 – 216 morts) et d'un gazoduc près de deux trains en URSS (1989 – 645 morts) ont été particulièrement meurtrières. Là aussi, l'interdiction de certains itinéraires, le renforcement des citernes, la formation des hommes, le suivi-radio des véhicules les plus dangereux, la certification[1] des entreprises de transport devraient être amplifiés[2]. Enfin le transport ferroviaire (dix fois plus sûr en France) devrait être développé (comme il devrait d'ailleurs l'être, pour des raisons écologiques, pour toutes les marchandises !).

1. En France, les entreprises de transport des produits les plus dangereux sont tenues, depuis 1997, d'être certifiées « qualité ».

2. Une directive européenne de 1996 oblige désormais les entreprises qui transportent et font transporter des matières dangereuses à avoir un « conseiller à la sécurité » (en vigueur depuis 2001 en France).

Chapitre VI

LA NATURE

I. — Préserver la faune et la flore : pourquoi ?

Homo sapiens sapiens... ou *Homo exterminator* ? Le dernier *aurochs*, chanté par Brassens, ancêtre de notre bœuf domestique, peint par nos ancêtres sur les parois de leurs cavernes, a été tué en 1627 en Pologne. Le légendaire *dodo*, énorme pigeon lourdaud inapte au vol, fut exterminé il y a trois siècles par les marins qui débarquaient sur l'île Maurice. L'*hippotrague bleu*, belle antilope à la robe gris-bleutée, disparut vers 1800 en Afrique du Sud. Le fameux *zèbre couagga*, mi-cheval par sa robe, mi-zèbre par son cou, disparut lui aussi d'Afrique du Sud en 1880. Rien, parfois, n'arrête la rage exterminatrice de l'homme : le *pigeon migrateur* sauvage était présent par milliards (oui, par milliards !) en Amérique du Nord : ce qui n'empêcha pas le dernier pigeon « sauvage » de mourir, en 1914, dans le zoo de Cincinnati ! Cela devrait faire réfléchir tous ceux qui pensent qu'une espèce n'est pas en danger, « parce qu'il y en a encore des milliers »...

Aujourd'hui, baleines, guépards, orangs-outans, grues géantes, tigres, loutres, éléphants, rapaces, tortues de mer, rhinocéros, phoques moines, chauves-souris, orchidées, papillons... la liste est longue, très longue, des espèces, végétales ou animales, menacées d'extinction. L'Union internationale pour la Conservation de la nature (UICN) a inscrit 5 500 animaux sur sa liste rouge des espèces menacées.

Au XVIe siècle, on estimait qu'une espèce animale disparaissait tous les siècles ; en 1900, une par an ; actuellement, une par jour, au moins ! Et alors, dira-t-on ? Les dinosaures n'ont-ils pas été rayés de notre planète, brutalement, il y a quelque soixante-cinq millions d'années ? Ou les mammouths il y a quelque dix mille ans ? Certes des catastrophes naturelles (chocs de météorites géantes, éruptions volcaniques) ou des changements climatiques (fin de la glaciation) ont sans doute engendré des bouleversements importants de notre patrimoine vivant. Est-ce une raison pour que l'homme organise, *lui-même*, la catastrophe de l'appauvrissement, voire de l'anéantissement du monde vivant ?

Au-delà même de toute considération éthique ou religieuse, le respect de la vie, le respect de la formidable « biodiversité » de notre monde est une question de survie, pour au moins quatre raisons[1] :

1. **Une « chaîne de vies ».** — Le monde vivant est une incroyable « chaîne de vies », dont on ne détruit pas, impunément, un maillon. Les animaux ont besoin des plantes qui, seules, convertissent l'énergie solaire en nourriture. Les plantes ont besoin d'animaux pour transporter leur pollen et les féconder. Les animaux ne survivent que si leurs proies survivent. L'*interdépendance* des êtres vivants est une fragile merveille.

Voici un superbe exemple de l'*interdépendance* des espèces au sein d'un écosystème : la chenille de l'azuré du serpolet (papillon) vit parmi les fourmis, qui se régalent du suc sécrété par les glandes de cette chenille. Ce papillon vivait dans les pelouses rases broutées par les lapins et les moutons. La disparition des lapins (myxomatose) et la raréfaction des moutons transformèrent les pelouses rases en couvert végétal dense, qui ne convient guère aux fourmis. Ainsi s'est éteint en Angleterre le bel azuré, maillon d'une chaîne de vie. Plus de lapins, donc plus de pelouse, donc plus de fourmis, donc plus de papillons !

1. La Conférence mondiale de Rio, en 1992, a permis d'élaborer une « Convention sur la diversité biologique », entrée en vigueur en décembre 1993.

2. **Un trésor médical.** — Des milliers de plantes sont utilisées, en Amazonie, en Inde, en Asie du Sud-Est, en Chine, par les médecines traditionnelles. La tubocurarine, tirée du *curare* amazonien (ce fameux poison) permet, en paralysant les muscles cardiaques, de réaliser les opérations à cœur ouvert. Les dérivés alcaloïdes des *pervenches roses* de Madagascar traitent avec efficacité certaines formes de leucémies enfantines. Nos *ifs*, si courants dans nos haies, contiennent une substance anticancéreuse, le taxol. L'*aspirine* elle-même est un dérivé d'une substance contenue dans l'écorce des *saules* et repérée dès le Ier siècle de notre ère comme anti-douleur ! Les animaux, notamment marins[1], livrent aussi des médicaments en grand nombre, notamment des substances anti-cancéreuses. Il ne s'agit pas là d'exemples isolés : 80 % des populations des pays en voie de développement se soignent à partir de produits naturels ; mais, plus spectaculaire encore, 40 % de toutes les prescriptions médicales américaines proviennent de sources naturelles ! Certes dans certains cas, une fois que la nature a livré ses secrets, la chimie moderne permet de synthétiser le produit chimique découvert. Il n'en est pas toujours ainsi : deux stimulateurs cardiaques issus de nos *digitales* n'ont toujours pas été fabriqués par nos chimistes. En tout état de cause, même si la chimie fabrique, la nature découvre : le monde vivant est une gigantesque « pharmacothèque ».

Mais le monde vivant peut livrer mieux encore que des substances : des *mécanismes*. Pourquoi donc certaines espèces d'escargots, ainsi que le bison américain sont-ils parmi les rares animaux au monde à l'abri du cancer ! Pourquoi le virus de la myxomatose, inoffensif pour les lapins d'Amérique du Sud, a-t-il décimé les lapins européens ? Pourquoi le virus du SIDA fait-il mourir l'homme, alors qu'il épargne certains singes, si

1. Parce que ceux-ci ont des défenses *chimiques* plutôt que *physiques*.

proches de lui ! La connaissance de ces mécanismes, et des gènes qui les régulent, serait d'une immense portée.

3. **Un vaste grenier.** — Notre nourriture et nos récoltes dépendent de la biodiversité. De nombreux végétaux consommés par l'homme (pois, haricots, tomates, nombreux fruits) ou par les animaux (luzerne, trèfle) ont besoin des abeilles, des bourdons ou des chauves-souris pour être pollinisés. Les guêpes tuent des insectes ravageurs : en Californie, une maladie du raisin fut jugulée grâce aux guêpes qui habitaient dans des ronces sauvages voisines. Les fourmis détruisent des quantités considérables de larves défoliantes, par exemple la terrible chenille processionnaire du pin. C'est dire combien nous méconnaissons les insectes hyménoptères (abeilles, guêpes, fourmis...), dont nous craignons les piqûres mais dont l'utilité pour la race humaine est considérable. D'ailleurs d'autres hyménoptères, *parasites*, moins connus, sont utilisés avec succès contre des populations de cochenilles, de pucerons, de teignes... : la cochenille du mûrier qui, venue d'Asie, menaça en 1900 l'industrie de la soie fut éradiquée quelques années après par un hyménoptère parasite. Certains de ces parasites sont aujourd'hui commercialisés (collés sur des cartons...) comme instrument d'une lutte biologique contre les insectes.

Par ailleurs les monocultures modernes d'une espèce unique sont fragiles et très exposées aux maladies et aux insectes. Leur résistance peut être accrue en les croisant, périodiquement, avec des espèces restées sauvages. L'immense épidémie de « rouille du café » qui, en 1970, menaça les plantations de café du Brésil et d'Amérique centrale, ne fut jugulée que par la découverte d'une variété génétique de café *sauvage* éthiopien. Mais les espèces sauvages se raréfient : 50 espèces de café sauvage, à Madagascar, disparaissent avec le recul de la forêt ; 95 % des blés sauvages de Grèce ont disparu en quarante ans !

Enfin la nature est un immense réservoir de nourritures, encore bien peu utilisées. Bien que 75 000 plantes (au moins !) soient comestibles, 75 % de l'alimentation humaine proviennent de... sept espèces ! (blé, riz, maïs, pomme de terre, orge, patate douce, manioc). À vrai dire, l'homme est bien conservateur pour le choix de ses aliments : pour *un* nouvel aliment à succès (le kiwi), combien d'échecs en revanche (le soja en Amérique). Pourtant bien des espèces auraient l'avantage de pouvoir pousser sur des terres arides ou salines. La « banque alimentaire mondiale » reste à explorer, et à exploiter.

4. **Une mine pour l'industrie.** — Amidons (de blé ou de maïs), latex, huiles végétales, graisses végétales ou animales sont depuis longtemps utilisés par toutes sortes de branches industrielles : savons, colles, cosmétiques, médicaments, encres, revêtements, nourritures, boissons, lubrifiants, colorants, etc., utilisent l'un ou l'autre de ces produits naturels. L'extraordinaire alliance du mûrier et du ver à soie nous a fourni la soie. Les fibres naturelles nous ont donné des cordes, des brosses, des bâtons, des paniers. Le rotang, palmier grimpant d'Inde et de Malaisie, nous pourvoit en rotin. Bien sûr, les arbres nous donnent de nombreux bois : mais, là, nous en avons abusé (voir plus loin : les forêts tropicales) !

Plusieurs pesticides ont été découverts dans la nature, notamment les puissants pyréthroïdes, tirés d'une sorte de marguerite sauvage. Des édulcorants naturels ont été découverts, en Afrique, au Paraguay, au Mexique : le *katemfé*, en Côte-d'Ivoire, a un pouvoir sucrant 1 600 fois supérieur au sucre !

Les plantes apparaissent aussi comme l'une des sources possibles d'énergie pour demain, à la place des combustibles fossiles (charbon, pétrole, gaz) (voir chap. II, « L'air », § IV). La « biomasse » est une ressource énergétique renouvelable : canne à sucre, betterave, maïs, colza, blé, manioc et bois sont les espoirs connus de *l'énergie verte*.

On ne saurait terminer cette revue sans évoquer l'essor des *biotechnologies*, qui consistent à fabriquer des produits grâce à des organismes vivants. Connues depuis des millénaires pour la fabrication du pain, du vin, de la bière, du fromage..., ces biotechnologies explosent aujourd'hui grâce à l'exploration systématique du monde vivant des *micro-organismes* et grâce aux possibilités récentes d'isoler les enzymes et même les gènes responsables du « pouvoir » de ces micro-organismes. On le sait, certaines bactéries des sources chaudes s'adaptent à des températures élevées (65 à 70 °C), d'autres supportent des milieux très acides, d'autres résistent à des substances toxiques (par exemple aux métaux lourds), d'autres dégradent les produits pétroliers (voire même les PCB), d'autres fixent l'azote de l'air (plus besoin d'apporter des nitrates !), d'autres produisent des antibiotiques. Le monde vivant est *une formidable usine microbienne.*

II. — La surexploitation des espèces (chasse, pêche)

Plus du tiers des espèces menacées le sont à cause de leur surexploitation. Pour en tirer des produits utiles, des produits de beauté ou de prestige ou pour en tirer du plaisir, l'homme a exploité de manière incontrôlée les espèces. Ivoire des éléphants ou des morses, cornes du rhinocéros (au pouvoir aphrodisiaque ou médical...), peaux de crocodiles ou de félins, carapaces des tortues, plumes d'oiseaux, coquillages, rapaces, cobayes médicaux, perroquets, papillons, orchidées sont l'objet de commerces lucratifs. La convention de Washington sur le commerce international des espèces protégées, dite CITES (1973), aujourd'hui ratifiée par 152 pays, a tenté d'y mettre un terme. Selon les espèces, cette convention interdit le commerce ou le soumet à des déclarations. L'interdiction du commerce de l'ivoire, en 1989, avait été un grand succès de la CITES (même si une reprise très partielle de ce commerce a été autorisée depuis 1997).

Les baleines ont bénéficié, elles, d'un moratoire, en 1986, imposé par la Commission internationale baleinière. Il était temps, voire trop tard : la baleine bleue, le plus grand animal ayant jamais existé au monde, n'existerait plus qu'à moins de 5 000 exemplaires (il y en avait 250 000 !). Elles sont de surcroît à l'abri, depuis 1994, dans un vaste sanctuaire qui couvre la moitié de l'hémisphère Sud.

Parfois, l'homme pêche ou chasse pour se protéger d'un *concurrent* : le loup, le lynx, l'ours parce qu'ils s'attaquent au bétail, et même les dauphins parce qu'ils « prendraient le poisson des pêcheurs ». Parfois, enfin, l'homme, sans but lucratif, ni but nourricier, chasse ou pêche pour son plaisir.

Il ne saurait être question de trancher ici la bataille, qui fait rage, entre opposants et partisans de la chasse ou de la pêche. Mais *l'abus* de chasse ou de pêche allant jusqu'à l'extinction d'une espèce ne peut être toléré. Le respect des « traditions » n'a aucun sens quand, précisément, des méthodes modernes se muent en de gigantesques « machines à tuer ». Qu'y a-t-il de traditionnel quand un hélicoptère, après avoir repéré un banc de sardines, transmet par radio l'ordre à 25 chalutiers de « fondre » vers le banc ? Qu'y a-t-il de traditionnel quand d'immenses « filets dérivants » de pêche larges de 50 km détruisent tout sur leur passage, y compris les attachants dauphins[1] ? Qu'y a-t-il même de traditionnel quand on remplace les ancestrales chasses au filet de la palombe dans les Pyrénées ou de la tourterelle dans le Médoc par des milliers de fusils dressés en haut de leurs pylônes !

On ne peut que se réjouir de l'attitude responsable

1. 100 000 dauphins étaient tués chaque année par la pêche industrielle. Heureusement, en 1990, les trois plus grosses sociétés américaines de conserves de thon ont abandonné les filets dérivants. Depuis 1993, les États-Unis ont même interdit l'importation de poissons en provenance de pays qui utilisent ces filets. L'Union européenne, quant à elle, a d'abord limité la largeur des filets à 2,5 km puis a décidé leur interdiction à partir de 2002 (règlement du 8 juin 1998).

d'associations ou de fédérations de chasse qui ont décidé de gérer leur patrimoine cynégétique « en bon père de famille », comptabilisant le gibier, gros ou petit, et limitant les prélèvements en conséquence[1]. Mais ce souci de gestionnaire se développe plus, bien sûr, à terre qu'en l'air (oiseaux migrateurs) ou en mer. L'air et la mer paraissent appartenir à tout le monde : alors on les surexploite.

Les animaux n'ont pas été les seuls à être surexploités. L'exploitation forestière a fait décroître, voire disparaître des espèces : le fameux cèdre du Liban se raréfie, le bois de senteur blanc de la Réunion n'existe plus qu'en... deux exemplaires. Mais la forêt est non seulement un réservoir d'essences d'arbres, mais aussi et surtout un habitat pour de multiples autres espèces. Et cet aspect-là de sa destruction est, on va le voir, plus préoccupant encore.

III. — **La dégradation des habitats des espèces**

Bien plus encore que l'exploitation des espèces, la perte de leur habitat (ou la fragmentation de ces habitats, par des routes par exemple ; ou la perturbation de leur habitat) est la cause principale d'extinction ou de dégradation des espèces (pour les deux tiers)[2].

À vrai dire, deux habitats sont les plus riches en espèces vivantes : les forêts tropicales humides et les zones humides (marais, étangs...).

1. **Les forêts tropicales.** — Les forêts tropicales humides d'Amérique latine, d'Asie et d'Afrique ren-

1. En France, les fédérations de chasse ont même créé en 1983 une « Fondation nationale pour la protection des habitats de la faune sauvage » qui a acquis une centaine de sites fragiles : attitude responsable qui contraste singulièrement avec les excès de certains tartarins du fusil.

2. L'ours des Pyrénées n'est plus tué, mais il est dérangé par les routes forestières, et par les chasses au sanglier (qui ont lieu, en automne, au moment où l'ours recherche sa tanière).

fermeraient, selon les estimations, de 50 à 90 % des espèces vivantes. À vrai dire, on ne sait pas trop, car il reste tant d'espèces inconnues, précisément dans les forêts tropicales[1]... La biodiversité des espèces y est extraordinaire. Au Pérou, un biologiste découvrit *sur un seul arbre* 43 espèces de fourmis différentes (presque autant qu'en Grande-Bretagne). Au Costa Rica, on dénombre 8 000 espèces de plantes (cinq fois plus qu'en Grande-Bretagne qui est, pourtant, cinq fois moins vaste). Souvent, les espèces sont *endémiques*, c'est-à-dire qu'on ne les trouve nulle part ailleurs, notamment dans les îles, petites ou grandes (c'est le cas pour 80 % des espèces malgaches) : en détruisant ces endroits, on détruit donc un patrimoine *unique*. Dans les forêts tropicales, les espèces sont, beaucoup plus qu'ailleurs, très dépendantes les unes des autres (voir ci-dessus les « chaînes de vies ») : la disparition d'une espèce en entraîne bien d'autres. Cette grande biodiversité est due à la chaleur, à l'humidité, mais aussi à la stabilité de ce milieu tropical, qui ne se serait pas modifié depuis des centaines de millions d'années !

Hélas, plus de la moitié des forêts tropicales seraient aujourd'hui d'ores et déjà détruites. La déforestation, entamée à grande échelle dans les années 1960-1970, se poursuivait au seuil des années 1990 au rythme de 1 à 2 % par an. Le drame est que les forêts ne se reconstitueront pas, pour trois raisons :

— *Pauvreté des sols :* contrairement à une idée reçue, les sols des forêts tropicales sont très pauvres[2]. La végétation a bien du mal à repousser ensuite, d'autant que le compactage des sols par les lourds engins de terrassement n'arrange pas les choses.

— *Érosion :* le couvert végétal évitait à la pluie de frapper le sol trop durement et le sol, très perméable, stockait ces pluies.

1. Il y a environ 1,4 million d'espèces connues, dont plus de la moitié d'arthropodes (insectes, araignées...). Mais on estime, selon les auteurs, le nombre total d'espèces à 3, 5, 10, voire 30 millions !

2. Les éléments nutritifs provenant de la dégradation des feuilles mortes sont *très vite* recyclés et utilisés par la végétation, et ne sont donc guère stockés dans le sol qui, du coup, est pauvre.

Mais une fois enlevés les arbres, la pluie ruisselle et inonde très vite les sols[1].

— *Tarissement des pluies :* la pluie tombée sur une forêt tropicale était en grande partie renvoyée à l'atmosphère par la transpiration des plantes. La pluie, pour ainsi dire, tournait en circuit fermé. Plus de forêt, plus de pluie et le désert s'installe.

Cette déforestation a pour cause :

— Soit *la conversion des forêts en terres agricoles ou d'élevage*, qui a été la principale cause de déforestation. Hélas, on l'a vu, les sols défrichés sont bien pauvres, se lessivent, s'érodent, meurent ! Les monocultures résistent souvent mal aux maladies, aux insectes, aux parasites. Parfois ces « colonisations » agricoles s'accompagnent de grandioses projets de barrages, d'exploitations minières, d'industries métallurgiques ou papetières.

— Soit *l'exploitation forestière*, essentiellement pour du bois de chauffage (qui représente, dans les pays en voie de développement, 80 % du bois utilisé), mais aussi pour l'extraction de bois exotiques (okoumé, azobé, sipo...), notamment en Asie du Sud-Est, où des sociétés, ayant obtenu des concessions à court terme, se sont empressées de ravager les forêts. Bien que seuls quelques beaux arbres adultes, de-ci, de-là, soient commercialisables (trois ou quatre arbres par hectare), toute la forêt est néanmoins saccagée. Les engins, trop lourds, détruisent les autres arbres et compriment les sols. Les lianes qui lient les arbres entre eux entraînent des chutes nombreuses. Les routes forestières fragmentent les écosystèmes et « aspirent » ensuite les colons agricoles. Les incendies sévissent. Il est grand temps d'arrêter ces exploitations forestières destructrices et de les remplacer par des méthodes nouvelles (où l'éléphant et le buffle remplaceraient les engins lourds pour évacuer les arbres, où les lianes seraient coupées...) et une exploitation « du-

1. Ces inondations, et les torrents de boue qui en résultent à l'aval, ont entraîné, dans de nombreux endroits, le comblement de réservoirs d'eau par les sédiments ainsi charriés.

rable ». A-t-on même raison de considérer que *le bois* est la meilleure ressource de la forêt : des études ont montré que l'exploitation des produits forestiers indigènes (huiles, résines, rotin, baies, noix, gibier, poisson, substances médicales, etc.) s'avérerait sans doute beaucoup plus rentable.

En tout état de cause, les efforts de l'OIBT (Organisation internationale des bois tropicaux) n'ont pas encore été très concluants et on peut se demander si, à l'image de ce qui s'est fait pour l'ivoire, une interdiction de l'usage des bois tropicaux dans les pays industrialisés (idée lancée par le Parlement européen) ne serait pas plus efficace : l'Europe et le Japon sont les deux grands importateurs mondiaux.

2. **Les zones humides.** — « Les zones humides » sont des étendues d'eau *de faible profondeur*, soit intérieures (marais, étangs, lacs peu profonds, ruisseaux, tourbières, prés ou forêts inondables des plaines alluviales) soit littorales (estuaires, marais salants, lagunes, vasières, mangrove[1], récifs de corail).

Naguère considérées comme malsaines, les zones humides apparaissent maintenant d'une richesse biologique extraordinaire, au point qu'une convention internationale (Ramsar, 1971) ratifiée par 122 pays sous l'égide de l'Unesco les protège aujourd'hui. Certaines zones humides peuvent produire jusqu'à huit fois plus de masse végétale qu'un champ de blé. La diversité biologique y est considérable : bactéries, plantes, insectes, crustacés, mollusques, batraciens, poissons, oiseaux, mammifères s'y côtoient. La faible profondeur et donc la pénétration du soleil contribue à cette richesse. Mais aussi les échanges entre eau douce et eau salée dans les estuaires et zones côtières, ou les échanges entre un fleuve et sa plaine alluviale, bref tous les

1. Forêts de palétuviers en bordure des rivages tropicaux, périodiquement submergées par les marées.

échanges de matières organiques ou nutritives ou vivantes entre terre, eaux salées, eaux douces engendrent une productivité considérable[1]. Des poissons et des crustacés y pondent leurs œufs (frayères), d'autres y effectuent leur période de nourrissage et de croissance (nurseries), d'autres enfin, migrateurs, y passent sur le chemin qui les mène vers leurs lieux de reproduction (les saumons marins qui remontent frayer à l'amont des rivières ou, inversement, les anguilles d'eau douce qui partent frayer en mer). Quant aux oiseaux, 50 % d'entre eux dépendent des zones humides, notamment les oiseaux migrateurs. Ceux-ci s'en servent soit *de lieux d'hibernation* (des canards nordiques quittent leurs lacs et marais gelés du Grand Nord et viennent passer l'hiver chez nous), soit au contraire *de lieux d'été* (notamment les hirondelles, fauvettes et autres oiseaux insectivores, ne trouvant plus chez nous d'insectes l'hiver, migrent vers l'Espagne ou l'Afrique), soit enfin *de lieux d'escale* et de repos, au printemps et à l'automne, sur le chemin des grandes migrations qui mènent de Scandinavie en Espagne (grue cendrée) voire, parfois, d'un pôle à l'autre (les sternes arctiques) ! Tous ces oiseaux trouvent dans les zones humides leur nourriture (insectes, vers, larves, mollusques, crustacés, batraciens...) mais aussi de quoi boire.

En France, 18 zones humides ont été inscrites sur la liste de la convention de Ramsar (800 à l'échelle mondiale) : la Camargue, la baie du Mont-Saint-Michel, les 4 zones humides proches de Nantes (golfe de Morbihan, Brière, lac de Grand-Lieu et marais salants de Guérande), les étangs de la Brenne (dans le Centre), les étangs de la Champagne humide, la baie de Somme, les marais du Cotentin, les rives du lac Léman... Certaines d'entre elles ont certes été aménagées par l'homme (étangs poissonneux créés par les moines ou les seigneurs au

1. Les zones humides ont un autre intérêt : un peu comme les forêts tropicales humides, elles absorbent les crues (ou les marées pour les mangroves) et préviennent les inondations, en régularisant le débit des rivières.

Moyen Âge ; lacs artificiels de Champagne liés aux réservoirs d'eau du bassin de la Seine, marais salants) ce qui montre combien la nature a été, parfois, façonnée par l'homme.

Malheureusement, toutes ces zones humides sont menacées, soit par la rage d'un drainage intempestif, soit par l'urbanisation et l'industrialisation, qui consomment de l'espace ou qui les polluent.

Une étude faite en France sur un échantillon de 82 zones humides a montré que la moitié d'entre elles étaient menacées par l'intensification agricole. Sous la pression urbaine et industrielle, les riches vasières de l'estuaire de la Seine ont perdu les trois quarts de leur surface initiale. Parfois c'est le pompage de ressources en eau qui menace la zone humide : le plus grand marais littoral du monde, le fameux parc des Everglades en Floride, a fait l'objet en 1992 d'un procès entre l'État de Floride (qui voulait en extraire les ressources en eau) et les autorités fédérales américaines.

3. **La conservation des sols.** — Les sols sont aussi un milieu vivant très riche. Dans leur partie supérieure, ceux-ci résultent en effet de la décomposition des feuilles mortes, pailles, résidus animaux, etc. : ainsi se forme *l'humus*. Cette couche superficielle peut contenir bien plus de matières vivantes et organiques que ce qui pousse et vit *au-dessus* du sol : bactéries, champignons, vers de terre, autres êtres vivants (araignées, coléoptères, escargots, souris, etc.) y pullulent et font leur travail de décomposition et d'aération[1].

Les sols sont menacés par :

— *les pollutions* de l'eau ou de l'air (voir chap. I et II) ;

— *l'érosion*. Certes l'érosion par le vent et les pluies est un phénomène naturel, mais en général le rythme de formation des sols est supérieur au rythme de leur disparition. Hélas, actuellement, pour le tiers des surfaces cultivées dans le monde, l'érosion va plus vite : du fait de la suppression des haies brise-vent (pour offrir des parcelles plus vastes à l'agriculture mécanisée), ou du fait de labourages répétés

1. Outre cette fonction de réservoir vivant, les sols, eux aussi, contribuent à stocker l'eau et à éviter les ruissellements et les inondations. Ils ont aussi un grand pouvoir de filtre et d'adsorption des polluants.

(qui assèchent la terre et favorisent l'érosion d'un sol devenu pulvérulent), ou du fait des feux de forêts, de savanes ou d'herbages... ;

— *un trop fort compactage* dû aux engins agricoles ;

— *une irrigation excessive* qui peut, soit saliniser à l'excès les sols des régions chaudes (l'eau s'évapore et les sels dissous dans l'eau restent dans le sol), soit, dans d'autres régions, gorger d'eau les sols (et asphyxier les sols insuffisamment aérés).

Une charte européenne des sols a été adoptée en 1972. Un « observatoire de la qualité des sols » a été créé en France en 1985.

IV. — Comment protéger la nature ? (réserves, conservatoires)

1. **Réserves, parcs.** — L'un des moyens de sauver les espèces et leur habitat est de créer des « réserves » ou des « parcs ». Ils peuvent être de dimensions très variables : le parc national de l'île méditerranéenne de Port-Cros en France fait 700 ha et le parc national du Botswana s'étend sur 5,3 millions d'hectares... En tout cas, on l'a vu, des réserves trop petites ou fragmentées risquent d'être insuffisantes pour la survie des écosystèmes locaux (surtout sous les tropiques).

Dans la plupart des réserves et des parcs, la première loi est de protéger et de *conserver*. Néanmoins « conservation » ne signifie pas forcément ni *statu quo*, ni immobilisme :

— Beaucoup d'espèces disparues ont dû être *réintroduites* : le vautour fauve dans les Cévennes, le bouquetin dans les Écrins et le Vercors, le gypaète barbu (grand vautour) dans tous les pays alpins, le lynx dans les Vosges, le castor un peu partout..., afin de restaurer une « chaîne de vies » faite de prédateurs et de proies[1].

— Parfois il faut que l'homme *« régule » certaines espèces* envahissantes (après un débat passionné, il fut

1. Ces réintroductions posent parfois des problèmes de cohabitation : par exemple entre l'ours slovène, réintroduit dans les Pyrénées, et les éleveurs de moutons.

décidé dans les années 1950 d'abattre des hippopotames en excès dans le Parc national de l'Ouganda) ou qu'il élimine des espèces introduites artificiellement : chats, rats, porcs, chiens, chèvres, renards ont fait des dégâts considérables, notamment dans des îles où ils n'existaient pas naguère[1].

— Enfin, il ne faut jamais oublier que *la friche, c'est l'anti-nature*. Le milieu naturel a souvent besoin d'être *entretenu*. Dans beaucoup de zones humides, dans plusieurs parcs naturels, des vaches, chevaux ou moutons rustiques broutent les pâturages pour éviter l'envahissement d'arbres, d'herbes, de fougères...[2].

2. **Conservatoires botaniques, zoos.** — Lorsque l'espèce est au bord de l'extinction, on peut tenter un ultime sauvetage en la transférant *en dehors de son habitat*, dans un conservatoire botanique, ou un zoo.

Il y a, en France, neuf conservatoires botaniques : Brest, Nancy, Porquerolles, Bailleul, Gap, La Réunion, Bassin parisien, Massif central, Pyrénées. Les deux derniers pieds de « bois de senteur blanc » de La Réunion furent bouturés et cultivés dans le conservatoire de Brest : 300 plantes purent être replantées fin 1988.

Même si certains zoos ont pu être fort critiqués, d'autres ont joué un rôle très utile dans la conservation des espèces animales.

1. L'administration des Terres australes et antarctiques françaises a par exemple décidé d'éradiquer le chat sur l'archipel des Kerguelen, pour protéger les oiseaux.

2. Deux exemples :

— En 1974, pour sauver du pillage le narcisse des Glénans, unique au monde, le ministère de l'Environnement crée la réserve naturelle de Saint-Nicolas-des-Glénans au large du Finistère. Mais ronces, genêts et fougères faillirent étouffer les narcisses. On essaya d'abord, sans succès, un débroussaillage mécanique. Puis on introduisit des moutons : le nombre des narcisses a quadruplé entre 1980 et 1990.

— Dans les Marais-d'Yves, en Charente-Maritime, les hautes herbes, envahissantes, empêchaient la nidification des oiseaux migrateurs (notamment des échasses blanches). Depuis la fin 1987, des juments tondent les endroits où les oiseaux avaient l'habitude de pondre.

Ainsi, la dernière antilope oryx *libre* ayant été tuée en Arabie en 1972, tous les oryx vivant dans des zoos ont été rassemblés à Phœnix (Arizona) : dix ans plus tard, des oryx nés dans ce zoo étaient relâchés en Oman et s'y reproduisent actuellement. De la même manière, les dernières oies d'Hawaï ont été sauvées de l'extinction au « Centre des oiseaux sauvages » britannique. Il faut noter néanmoins que la réadaptation dans le milieu des animaux herbivores est plus facile que celle des animaux carnivores, qui ont plus de difficultés à retrouver leurs instincts. En tout état de cause, le sauvetage par les zoos est une opération de la dernière chance et à risques.

3. **Réglementation.** — La protection de la nature peut passer :

A) Soit par les *protections réglementaires des espèces* :

— La loi sur la protection de la nature de juillet 1976 (intégrée dans le Code rural) protège des *espèces* et leurs habitats, notamment en application des conventions de Berne (Conseil de l'Europe) sur la vie sauvage, ou de la convention de Bonn (ONU) sur les espèces migratrices, ou de la directive de la Communauté (CE) sur les oiseaux sauvages (ces trois textes sont de 1979), ou de la convention de Washington (déjà citée) sur le commerce des espèces en voie d'extinction. Une directive communautaire plus générale (Faune, Flore, Habitats) a été adoptée en 1992. Celle-ci oblige les États à inventorier des sites d'habitat importants, lesquels feront partie du réseau « Natura 2000 ». La France a proposé 1 000 sites, représentant 5 % du territoire.

B) Soit par *les protections réglementaires des « sites », « espaces », « réserves », « paysages »...* :

— La loi de 1976 précitée crée des *réserves naturelles* (il y avait, en 1998, près de 250 réserves naturelles dont plus d'une centaine de « volontaires ») ou permet aux préfets de prendre des *« arrêtés de biotope »* (au nombre de 463 en 1998)[1].

— Une loi de juillet 1960 a créé les *parcs nationaux*, véritables établissements administratifs autonomes, dont les direc-

1. À noter que les 14 600 « ZNIEFF » (Zones naturelles d'Intérêt écologique, faunistique et floristique) recensées entre 1985 et 1992 par le Muséum d'Histoire naturelle (et couvrant le quart du territoire national !) ne bénéficient pas de protection réglementaire et ne sont donc normalement qu'un inventaire scientifique. Néanmoins, le Conseil d'État, en 1996, a annulé l'autorisation d'une carrière prévue dans une ZNIEFF.

teurs et les gardes ont un pouvoir de police (7 en France : Vanoise, Écrins, Mercantour, Cévennes, Pyrénées, Port-Cros, Guadeloupe). À ne pas confondre avec les 35 *« parcs naturels régionaux »*, qui procèdent autant d'un souci de développement économique et touristique que d'un souci de protection, ce qui crée, parfois, une ambiguïté.

— Une autre loi, de 1930, protège les *sites*, notamment naturels (sites « inscrits » et sites « classés », la protection étant plus forte pour ces derniers).

— Une loi de janvier 1993 protège les *paysages*.

— Et le Code de l'urbanisme, bien sûr, permet de sauvegarder des sites ou des paysages dans le cadre des plans d'occupation des sols (POS) communaux, ou dans le cadre des *« espaces naturels sensibles »* que les départements ont le droit de créer.

On voit qu'il y a pléthore de textes : on finit par s'y perdre entre les « sites », les « espaces naturels sensibles », les « réserves naturelles », les « parcs nationaux », les « parcs naturels régionaux », les « biotopes », les « ZNIEFF »... !

Sans compter des textes régissant des milieux spéciaux :

— *la forêt :* le code forestier soumet à autorisation les défrichements, permet de classer en « forêts de protection » celles qui jouent un rôle essentiel, et édicte des règles de prévention des incendies ;

— *la montagne :* la loi « montagne » de 1985 réglemente les activités touristiques et, notamment, les remontées mécaniques ;

— *le littoral :* la loi « littoral » de 1986 libère normalement de toute construction une bande littorale et permet de préserver certains milieux (dunes, landes, zones humides)...

C) Soit par l'arme puissante mais coûteuse des *achats de terrain* :

— En France, le *Conservatoire du littoral et des rivages lacustres* (créé par une loi de 1975) avait acheté en l'an 2000 environ 10 % du linéaire des rivages maritimes ou lacustres, soit une surface de 525 km^2.

— Il n'existe pas de Conservatoire *national terrestre*. Mais des terrains ont été achetés par des *Conservatoires régionaux des sites* et par les *départements* (grâce au produit de la taxe départementale sur les espaces naturels sensibles).

DEUXIÈME PARTIE

SIX LEVIERS POUR L'ACTION

Chapitre VII

SIX LEVIERS POUR L'ACTION

I. — Des lois

L' « arsenal » législatif de la France en matière d'environnement est loin d'être négligeable et, parfois, très ancien. La loi sur les établissements « classés » insalubres ou dangereux remonte à 1917 (même si elle a été remplacée par une loi de 1976). Plusieurs autres textes, souvent remarquables, ont marqué le paysage législatif français : notamment les lois de 1961, de 1980 et de 1996 sur la pollution atmosphérique, de 1964 et de 1992 sur l'eau, de 1975 sur les déchets, de 1976 sur la protection de la nature et des espèces, de 1985 sur la montagne, de 1986 sur le littoral, de 1987 sur les risques majeurs, de 1992 sur le bruit, de 1993 sur les paysages.

1. **Des lois de plus en plus européennes.** — Depuis vingt ans, mais surtout depuis l'Acte unique européen (1987), le législateur européen a pris, à vrai dire, le relais du législateur français. Il est en effet assez légitime

que la législation sur l'environnement soit européenne, plutôt que simplement nationale, pour trois raisons :

— *La liberté de circulation des marchandises* en Europe conduit nécessairement à harmoniser les normes de pollution de certains *produits* : pollution des voitures, niveau de bruit des engins, etc.

— *La loyauté de concurrence entre les agents économiques* dans une Europe ouverte amène à harmoniser les normes imposées aux *unités de production* : comment réclamer des investissements d'épuration très coûteux à certaines usines sans les imposer à toutes les usines européennes, comment demander aux agriculteurs français de consommer moins de nitrates sans demander le même effort à tous les Européens ?

— *Les milieux naturels ignorent les frontières :* qu'il s'agisse des fleuves (le Rhin et ses affluents), des océans, de l'atmosphère (on a vu, au chapitre II, le transport des pollutions à des centaines de kilomètres), des oiseaux migrateurs. Cette raison milite d'ailleurs dans certains cas pour une action internationale qui dépasse le cadre européen (voir § VI de ce chapitre).

2. **L'application effective des lois ?** — Toute la question est, bien sûr, de savoir comment sont appliquées, sur le terrain, ces lois, françaises ou européennes. En France, les défenseurs de l'environnement se plaignent souvent, à juste titre, de l'insuffisance du nombre d'inspecteurs des établissements industriels « classés » (740 en 2000, dont beaucoup à temps partiel : beaucoup moins qu'en Angleterre ou en Allemagne) ou d'inspecteurs des sites (une cinquantaine en 2000). Mais cette pénurie est toute relative par rapport à la faible administration dont disposent certains pays.

Il y a, cependant, d'autres causes à la mauvaise application des lois européennes :

— *L'imprécision de certaines directives* (celle de 1984 sur la pollution atmosphérique industrielle demande d'employer les « meilleures technologies disponibles » et celle de 1975 sur les déchets prône « l'élimination sans danger des déchets »...).

— *La faculté donnée aux pays d' « autodésigner » les zones* dans lesquelles une directive s'appliquera (certains États échappent purement et simplement à leurs obligations en « oubliant » de désigner leurs zones de baignade, leurs zones conchylicoles ou piscicoles, leurs « zones susceptibles de dépassement » en matière de pollution de l'air, leurs « zones de protection spéciale » des oiseaux sauvages). Péchés par omission...

— La difficulté de transposer les lois européennes dans *les systèmes fédéraux* (Allemagne, Belgique) *ou régionalisés* (Espagne, Italie).

— *Les systèmes tacites d'autorisation* (en Italie, une industrie qui n'a pas obtenu son autorisation de rejet au bout de trois mois l'obtient... tacitement !).

— *L'insuffisance*, très souvent, *des sanctions pénales*.

À vrai dire, les lois peuvent se classer en trois grandes catégories : sur les produits, sur les productions, sur la qualité du milieu naturel :

— Les lois sur *les produits* sont les plus respectées (détergents, essence sans plomb, CFC, engins bruyants...). Les fabricants se conforment facilement aux nouvelles normes.

— Les lois sur *les unités de production* (urbaines, agricoles ou industrielles) sont moins uniformément respectées, surtout quand les producteurs sont nombreux et donc difficiles à contrôler. En outre, la Communauté européenne avait eu le tort, jusqu'ici, de ne pas assez créer de directives *sectorielles*, ciblées sur une activité donnée, et donc plus précises[1]. L'adoption, en 1996, de la directive dite IPPC sur la pollution intégrée de l'industrie (tous milieux : eau, air, sols...) va peut-être améliorer les choses. Certes, elle prévoit toujours que chaque État doit adopter les « meilleures techniques disponibles », mais un bureau européen, le BEPRIP, installé à Séville, centralisera les informations sur ces « meilleures techniques » et les mettra à partir de 2000 à disposition de chaque État, ce qui devrait faciliter une harmonisation des réglementations européennes, secteur industriel par secteur industriel.

— Enfin les lois sur *les normes de qualité qui doivent être respecter dans les milieux naturels* sont les moins bien appliquées. Cela n'est pas étonnant, les milieux naturels sont à tout le

1. Seules les directives sectorielles suivantes avaient été adoptées : pollution de l'air des installations industrielles de combustion et des incinérateurs de déchets municipaux, épuration des eaux urbaines, pollutions tous milieux des usines de dioxyde de titane, des usines d'amiante et des incinérateurs de déchets dangereux.

monde (et à personne...) et leur gardiennage est donc une tâche difficile. Il est, à l'évidence, plus efficient de réglementer les causes, les sources plutôt que les conséquences.

3. **Qui fait et qui applique les lois : État ou collectivités locales ?** — Dans la tradition jacobine française, l'État se réserve la quasi-totalité du pouvoir réglementaire. Néanmoins, l'article L. 2 du Code de la santé publique permet aux maires de « compléter » (sans les édulcorer) les règlements de l'État dans un assez grand nombre de domaines (salubrité des habitations, alimentation en eau, traitement des déchets ou des eaux usées, pollution atmosphérique d'origine domestique, bruits de voisinage, etc.). À vrai dire cette possibilité, peu connue, est peu utilisée, sauf peut-être en matière de bruits de voisinage.

En ce qui concerne *l'application* des lois et règlements, les services de *l'État* ont la haute main sur le contrôle : inspecteurs des établissements industriels « classés », inspecteurs des sites, inspecteurs de salubrité sont des personnels de l'État. Les « polices municipales » ont certes le droit de réprimer les infractions et pollutions, mais seulement celles dont le contrôle n'est pas *explicitement* réservé à l'État[1].

Un débat oppose aujourd'hui ceux qui souhaitent donner plus de pouvoirs aux collectivités locales et ceux qui considèrent que le « gardiennage » de l'environnement doit rester avant tout du ressort de l'État. Les partisans des pouvoirs locaux insistent sur l'utilité de contrôleurs proches du terrain et sur le manque de moyens chronique de l'État. D'autres pensent qu'il est dangereux de confier aux maires ou présidents de conseils généraux des pouvoirs de contrôle, alors qu'ils sont eux-mêmes fauteurs de trouble (les salles des fêtes municipales font du bruit, les villes ont des déchets et des eaux usées, les conseils généraux

1. Ainsi les gardes champêtres du Haut-Rhin ont-ils été mués en modernes « gardes-nature » (la « police verte ») qui, à cheval, à moto, en voiture, ou à skis, luttent contre les dépôts d'ordures sauvages, les cueillettes de fleurs protégées ou les véhicules tout terrain envahisseurs.

font des routes...) : mais cet argument vaut aussi pour l'État, qualifié par certains de pollueur n° 1 (autoroutes, aéroports, production d'énergie...). Néanmoins il est vrai qu'il vaut mieux éviter qu'un pouvoir local soit juge et partie[1, 2]. Pourtant, certains pensent que l'État peut incarner plus facilement les intérêts lointains (d'autres régions, d'autres pays) ou futurs (d'autres générations) et être plus détaché d'intérêts plus immédiats... ou électoraux.

II. — Des incitations économiques ou fiscales

Les lois et règlements butent sur deux écueils. D'abord, comme on dit, il n'est guère possible (ni souhaitable...) de « mettre un gendarme derrière chaque Français ». Puis, il faut bien dire que ce « gendarme » pourra montrer un intérêt personnel plus ou moins grand à l'environnement, être plus ou moins porté à la rigueur : l'action de l'État sur le terrain est, *inévitablement*, « à géométrie variable » et donc, pour tout dire, inéquitable. Cela peut être vrai d'un département à l'autre en France. Cela est encore plus vrai, on l'a vu, d'un pays à l'autre dans l'Union européenne.

Quatre types d'incitations économiques et fiscales ont déjà été mises en œuvre.

1. **Des taxes.** — Pour pénaliser des produits, ou des activités, défavorables à l'environnement. Chaque fois qu'on ne veut pas carrément *interdire* un produit, mais qu'on veut seulement en *limiter* l'usage, on peut être

1. En Grande-Bretagne, une réforme de 1989 a séparé la *gestion de l'eau,* confiée à des autorités de l'eau régionales (RWA), et la *police* de l'eau, confiée à une autorité nationale (NRA). Naguère les autorités régionales étaient responsables de la police de l'eau, alors qu'elles géraient elles-mêmes des stations d'épuration...

2. De ce point de vue (« juge et partie ») le système français des gardes-pêche et gardes-chasse, mis à disposition des fédérations départementales de pêcheurs ou de chasseurs, avait été souvent mis en cause. La situation a d'ailleurs été clarifiée récemment (fin 1998) pour les gardes-chasses : ceux-ci sont désormais rattachés à l'Office national de la chasse et totalement indépendants des fédérations de chasseurs.

tenté de le faire par le biais d'une taxe qui renchérira le produit. Cette méthode paraît préférable aux politiques de quotas ou de contingentements, très bureaucratiques. Distribuer des quotas, c'est, en outre, risquer de figer une situation : les premiers arrivés sont les premiers servis.

Il y a de nombreux exemples de taxes ou redevances dans tous les pays[1]. Le produit de ces taxes ou redevances peut être *affecté* à des destinations *précises* :

— pour financer *la réparation des dommages.* Par exemple, la taxe sur les produits pétroliers et chimiques aux États-Unis alimente un fonds de résorption des décharges de produits dangereux. Les redevances sur le bruit des aéronefs peuvent alimenter des fonds d'indemnisation des riverains. Les redevances françaises des agences de l'eau servent à aider ceux qui économisent ou qui épurent l'eau ;

— pour financer *un système public ou privé de collecte, de recyclage et d'élimination* (piles et batteries, huiles usées, emballages, pneus, solvants, etc.). En France, par exemple, depuis 1993, les producteurs et distributeurs d'emballages sont tenus, soit de récupérer eux-mêmes leurs emballages (ce qui est rarissime !), soit de payer une contribution « volontaire »... obligatoire à un organisme de collecte et de valorisation[2] (système inspiré de l'exemple allemand) ;

— pour financer *les organismes administratifs* chargés de la délivrance des permis et du contrôle.

Parfois le produit des taxes ou redevances tombent dans un *« fonds général de protection de l'environnement »,* voire, tout simplement, dans le budget de

1. Voir l'étude de l'OCDE : « Les instruments économiques pour le contrôle de la pollution et la gestion des ressources naturelles dans les pays de l'OCDE. Un examen d'ensemble » (1999).

2. Éco-emballages pour tous les emballages, Adelphe pour les bouteilles de vin, Cyclamed pour les emballages de médicaments.

l'État. La France a de ce point de vue beaucoup évolué. Nombre de ses taxes étaient naguère affectées à un but précis. Les cinq taxes sur la pollution atmosphérique, sur les lubrifiants, sur le bruit des aéronefs, sur la mise en décharge des déchets ménagers, sur les déchets industriels spéciaux étaient toutes affectées à des fonds spéciaux, gérés par l'Agence de l'environnement et de la maîtrise de l'énergie (ADEME). Depuis 2000, toutes ces taxes, fondues dans la « taxe générale sur les activités polluantes » (TGAP), tombent dans le budget général de la... sécurité sociale et ne sont plus spécifiquement affectées à des actions environnementales. Cette évolution a fait l'objet de vives controverses...

Si les taxes permettent de *collecter des fonds* pour des actions précises... ou pour le budget de l'État, elles ont aussi pour objet d'*inciter à un nouveau comportement.* Leur niveau doit alors être élevé, faute de quoi l'effet incitatif est nul. Peuvent être considérées comme assez incitatives les redevances sur la pollution de l'eau perçues en France ou aux Pays-Bas, ou la taxe italienne sur les sacs en plastique, ou les taxes finlandaise et norvégienne sur les emballages non repris. En revanche, les essais de redevances sur les engrais ou pesticides (Autriche et pays scandinaves) sont considérés comme un échec.

Pour éviter ce dernier écueil (taux trop faibles pour être incitatifs), d'aucuns préconisent de ne taxer (mais à taux fort) que les *sur*-pollutions : par exemple les Pays-Bas ont institué en 1987 une redevance sur *les excédents* de lisier de porc épandu dans les champs. De même, les redevances allemande ou italienne sur la pollution de l'eau pénalisent surtout les entreprises qui *excèdent* les normes réglementaires.

Les taxes ou redevances ont d'autres écueils :

— leur assiette doit être *facile à mesurer*, sinon mieux vaut y renoncer[1] ;

1. Les Pays-Bas ont renoncé pour cette raison en 1988 à une redevance sur le bruit industriel qu'ils avaient créée en 1983.

— *des nouvelles taxes sont-elles encore acceptables ?* À vrai dire, on peut noter que les contribuables acceptent plus facilement les taxes écologiques quand leur assiette est « fongible » (la taxe payée par le pollueur *disparaît* dès lors qu'il ne pollue plus) ou quand leur produit tourne « en circuit fermé » (si la taxe sur les pneus va au ramassage des pneus, si la taxe sur les huiles va au ramassage des huiles, etc.).

L'idéal est que la fiscalité écologique *se substitue* à d'autres fiscalités. Ainsi les taxes allemandes sur la pollution des voitures avaient-elles remplacé l'ancienne vignette, sans que la fiscalité *globale* sur l'automobile en soit modifiée. De même, la taxe suédoise sur les oxydes d'azote produits par les centrales électriques est entièrement *redistribuée* à ces centrales[1]. Dans le même ordre d'idées, les Pays-Bas avaient envisagé une modulation écologique de la TVA, par exemple en taxant à taux plus fort *les biens d'équipement* et à un taux moins fort *les réparations*, afin de freiner la civilisation du « tout-à-jeter ». Certains soutiennent qu'en matière agricole, mieux vaudrait taxer la *sur*-consommation d'engrais ou de pesticides, mais supprimer la taxe foncière sur les propriétés non bâties (afin de favoriser, fiscalement, l'agriculture extensive en zone défavorisée)[2].

D'aucuns préconisent une révolution fiscale encore plus profonde. Ils jugent absurde que l'essentiel de notre fiscalité porte sur *le travail*. Mieux vaudrait, selon eux, taxer l'énergie (écotaxes), les matières premières, les pollutions, bref tout ce qui est rare et, au contraire, alléger considérablement les charges sociales et fiscales pesant sur le travail. La fiscalité actuelle, di-

1. Au prorata de l'énergie produite : ainsi la centrale qui, à production *égale* d'énergie, polluera moins y gagnera dans cette redistribution.

2. L'élevage extensif, sur de grandes surfaces, est pénalisé par la taxe foncière, pendant que les élevages industriels de porcs ou de volailles, très intensifs, « hors-sol » comme on dit, échappent non seulement à cette taxe, mais aussi à la taxe professionnelle payée par les usines.

sent-ils, favorise l'industrie hypermécanisée, l'agriculture hyperintensive, le gaspillage des biens de consommation aux dépens de l'environnement d'une part, de l'emploi d'autre part. *Écologie, emploi, même combat ?*

2. **Des détaxes ou des subventions.** — Pour, inversement, favoriser les produits ou activités « sympathiques ». La détaxation importante du super sans plomb a permis, dans beaucoup de pays, de baisser son prix en dessous de celui du super « normal ». Les biocarburants (en France le super à l'éthanol ou le diester) bénéficient de détaxations analogues. Dans certains pays, les voitures allant *au-delà* des normes de pollution réglementaires ont une fiscalité allégée.

Quant aux subventions, on peut citer les aides à l'épuration de l'eau ou de l'air, les aides européennes aux pratiques agricoles favorables à l'environnement, etc.

3. **Les systèmes de consignation.** — En vigueur depuis longtemps pour les bouteilles en verre, le système de consigne a été étendu par de nombreux pays à plusieurs récipients de boissons (bouteilles en plastique, boîtes métalliques...), voire aux emballages en général. Une consigne des véhicules existe en Norvège et en Suède, afin d'éviter les épaves sauvages automobiles. La consigne des piles, des batteries, des lampes, des pneus, des emballages de pesticides (ceux-ci contiennent 1 à 5 % de résidus de pesticides) a été, soit mise en œuvre, soit étudiée. La taxe payée sur les huiles au moment de leur achat, et qui est rétrocédée au moment de leur recyclage aux ramasseurs ou aux régénérateurs d'huiles usées, est, aussi, une sorte de consigne. Enfin, l'idée d'une caution déposée par les exploitants de sables et graviers, remboursée après remise en état du site, entre dans la même catégorie[1].

1. Instituée, en France, par la loi du 4 janvier 1993.

4. **Les « bourses de pollution ».** — Ce système, très controversé, a été expérimenté aux États-Unis au cours de la décennie 90. Le principe est en gros le suivant : une usine peut épurer *plus* qu'on ne lui demande et permettre ainsi à une autre usine d'épurer *moins*, moyennant finances bien entendu. L'une vend à l'autre un « crédit » de pollution. Il existe même aux États-Unis des courtiers pour faciliter ces transactions... Derrière une façade un peu choquante, le système peut être source d'économies considérables. En effet, certaines usines, pour lesquelles *le coût* de l'épuration est faible, peuvent permettre des économies à des usines pour lesquelles le coût serait, au contraire, considérable.

Évidemment, ce « marché » de droits à polluer est plus tentant pour les problèmes globaux et planétaires et donc pour les problèmes de pollution de l'air. En effet, cela n'a pas de sens de s'échanger des droits à polluer entre le bassin de la Seine et le bassin du Rhône ; le « marché » de l'eau est donc géographiquement étroit (de fait, il a moins bien fonctionné aux États-Unis que le « marché » de l'air). En revanche, on peut s'échanger à des milliers de kilomètres des droits pour les pollutions acides transfrontalières (voir chap. II, « L'air », § II) ou pour les gaz à effet de serre (voir chap. II, « L'air », § IV). Pour l'effet de serre, non seulement le protocole de Kyoto (1997) a officialisé la possibilité d'échanges *entre pays* mais, dans la foulée, l'Union européenne a envisagé l'échange entre pollueurs *à l'intérieur* de chaque pays.

III. — **Des citoyens et des associations actifs**

L'État ou les collectivités locales peuvent faillir à leur tâche. Le citoyen doit donc pouvoir se mobiliser en cas de carence des pouvoirs publics. En France cette carence est, Dieu merci, sanctionnée par la justice, et l'État peut être condamné à des dommages-intérêts pour son inaction[1]. Pire, l'État peut être lui-même le fauteur du trouble : routes, aéroports, exploitations forestières, production d'énergie..., les occasions ne manquent pas[2]. Il est donc sain, voire indispensable, dans une démocratie, que les citoyens, et leurs associations, puissent assurer *eux-mêmes* la défense de *leur* environnement. Encore faut-il que cela ne tourne pas à la lutte du pot de terre contre le pot de fer. Pour cela, trois conditions indispensables doivent être remplies :

— *L'information :* un citoyen actif, c'est d'abord et avant tout un citoyen éclairé. Ces dernières années, de nombreux textes ont amélioré l'information des citoyens *en amont* des projets, notamment :

- la loi française de 1978 sur « l'accès aux documents administratifs » (et la directive européenne de 1990 sur « la liberté d'accès à l'information en matière d'environnement ») ;
- la loi française de 1976 sur la protection de la nature et les « études d'impact » (et la directive européenne de 1985 sur « l'évaluation des incidences de certains projets sur l'environnement ») ;
- la loi française de 1995 créant une « Commission nationale du débat public » pour débattre, très en amont, de tous les grands projets (autoroutes, TGV...) ;
- la loi française de 1983 sur « la démocratisation des enquêtes publiques ».

Cette dernière loi a, notamment, amélioré l'indépendance du « commissaire-enquêteur », chargé de mener et de conduire l'enquête (celui-ci est désormais désigné par un *juge*). Reste à améliorer le statut de ces commissaires-enquêteurs et les moyens dont ils disposent pour faire leurs investigations, organiser des réunions publiques, etc. Quant à la publicité de l'enquête prévue par la loi de 1983 (insertions, à deux reprises,

1. Cf., entre autres, l'arrêt du Conseil d'État du 18 décembre 1987 ayant condamné l'État à verser 80 000 F à un pisciculteur, l'État n'ayant pas fait le nécessaire contre la pollution d'une papeterie.

2. Que dire des pays de l'Est, où l'État, producteur universel, s'est révélé être aussi un pollueur universel, à l'origine d'un véritable « écocide » !

dans deux journaux ; affichage à la mairie ; affichage sur le lieu du projet), elle reste nettement insuffisante à notre époque très médiatisée. À quoi sert une pancarte sur le lieu du projet quand il se trouve en pleine campagne ?...

L'information *a posteriori*, une fois que l'installation est en marche, est également importante. On peut citer, dans ce sens, l'heureuse initiative de la loi française de juillet 1992 sur les déchets, créant des « Commissions locales d'information sur l'élimination des déchets », afin de surveiller le fonctionnement des décharges ou des centres de traitement.

— *La possibilité d'action en justice :* la loi de février 1995 a généralisé, en France, la possibilité pour des associations agréées d'enclencher l'action publique en se portant « partie civile » en cas d'infraction à la législation sur l'environnement. Dans le cas de la pollution de l'eau, il faut souligner la portée considérable d'une disposition du Code rural, qui permet aux associations de pêche d'agir en cas de pollution d'une rivière, *même s'il n'y a pas eu infraction aux règles administratives* : peu importe que l'arrêté préfectoral sur les normes de rejet ait été respecté, il y a néanmoins délit (et action possible des associations) *dès* qu'il y a pollution. D'aucuns souhaiteraient généraliser cette notion de *délit d'atteinte à l'environnement*, indépendamment de toute référence administrative. À noter que la possibilité pour les associations d'ester en justice n'est pas reconnue dans tous les pays, loin de là.

— *Les moyens financiers d'agir :* qu'il s'agisse d'étayer un avis lors de l'enquête publique, de proposer une contre-étude d'impact, ou d'apporter des preuves en justice, expertises techniques et donc moyens financiers sont nécessaires. C'est là que le bât blesse souvent. Certains souhaiteraient que les associations puissent obtenir, en s'adressant à un « collège de sages », une aide financière publique pour approfondir leurs thèses, dès lors, bien sûr, que celles-ci présenteraient un minimum de vraisemblance.

IV. — Une éducation à l'environnement

Ni les lois ni les taxes ne contraindront les citoyens à respecter l'environnement si ce respect, spontané, ne leur a pas été inculqué par l'éducation.

Films *(L'Ours, Le Grand bleu, Atlantis...)*, émissions de télévision, magazines spécialisés (il y en a en France une petite dizaine dans les kiosques – si l'on ne compte pas les revues de chasse, de pêche, ou d'animaux domestiques) concourent à cette éducation. Ici ou là, des campagnes d'affichage (sur le silence, les économies d'eau, la conduite automobile sage, le recyclage des ordures...) sensibilisent les populations[1].

Autre incitation possible : les « vacances au naturel » ou les « chantiers de jeunes », comme celles qui sont organisées, en France, par la Fédération des parcs naturels, ou par l'Union des 51 « Centres permanents d'initiation à l'environnement » (CPIE) ou, en Angleterre, par le « British Trust for Conservation ».

Mais le rôle de l'école est, là comme ailleurs, fondamental. À l'échelon international, *l'Unesco* (ONU) a lancé, depuis 1975, un vaste « programme d'éducation environnementale » (IEEP). Depuis 1983, plusieurs dizaines de livres ou rapports consacrés aux expériences pédagogiques environnementales de nombreux pays ont été édités. Une publication trimestrielle, *« Connexion »*, permet d'échanger sur les expériences de terrain. L'Unesco a, enfin, mis au point des matériels pédagogiques (guides, posters...). *L'OCDE,* quant à elle, a lancé en 1989 un programme de recherches sur la pédagogie de l'environnement et organisé des séminaires pour les enseignants. Une « Newsletter » permet, aussi, d'échanger les informations entre pays.

Des associations internationales, telles que le *Fonds mondial pour la nature* (WWF), ont également une politique éducative (valise pédagogique sur les produits ti-

1. Encore faut-il ne pas se tromper. Des appareils à mesurer les décibels, installés dans les rues pour inciter à conduire de manière moins bruyante... provoquèrent vite des jeux sonores...

rés d'espèces menacées, éducation à la « biodiversité » dans les écoles malgaches, dossier pédagogique « we care ! » pour l'Afrique australe, etc.). La *Fondation pour l'éducation à l'environnement en Europe,* très connue par l'opération « Pavillons bleus d'Europe » (qualité des plages), organise des classes de mer ou des actions de reboisement. Aux États-Unis, la *Fédération nationale de la vie sauvage* a diffusé dans les écoles des leçons d'environnement prêtes à l'emploi (projet « CLASS »).

En France, l'Éducation nationale ne manque pas de s'associer aux organisations internationales, aux associations (notamment les CPIE), aux collectivités locales, aux administrations, aux parcs naturels, pour des actions éducatives. Les programmes scolaires de géographie et de sciences naturelles s'ouvrent, un peu plus, à l'environnement. Les classes ou sorties de découverte, de montagne, de mer, d'eau, de forêt, de nature... se développent. La formation initiale ou continue des enseignants dans les Instituts universitaires de Formation des maîtres est, aussi, une nécessité.

Encore faut-il, pour réussir cette éducation des jeunes, bien analyser ce qui les attire ou ce qui les rebute. L'Espagne, dans le cadre des études Unesco, a remarqué que les activités de nature en décourageaient plus d'un (trop d'efforts physiques, dormir en campement, vie rurale ou montagnarde trop peu « hygiénique » à leur goût...). En revanche, les grottes et les plantes insolites les attirent...

V. — **Des recherches scientifiques**

Tout ce livre aura montré combien, dans de nombreux domaines, les connaissances nous manquent, qu'il s'agisse de l'effet de serre, de la mort des forêts, de la pollution intérieure des locaux, de l'effet des polluants sur la santé, des mécanismes biologiques du monde vivant, des interactions Terre-Mer-Forêts... Le directeur du programme international Géosphère-Biosphère (PIGB) avoue : « Il faudrait d'abord faire le point sur les certitudes – petites. Et sur notre ignorance – immense. » Edgar Morin parle d'un « trou dans l'avenir ».

Certes, l'absence de *certitudes* scientifiques ne dispense pas les responsables politiques, ou économiques, de prendre des décisions et de « prévoir l'incertain ». Souvent, face à l'inconnu, le choix entre la prudence (« dans le doute, abstiens-toi » : c'est *le principe de précaution*) ou la hardiesse (« on y va, on verra ») est du domaine du *pari*.

Cela étant, la recherche scientifique environnementale est bien trop faible. Deux pays, les États-Unis et l'Allemagne, se partagent 60 % de la recherche mondiale en matière d'environnement. La France n'y consacre qu'un très faible pourcentage de son effort global de recherche. Même dans les technologies de l'épuration (de l'eau ou de l'air), où la France est pourtant en pointe, l'Allemagne avait déposé plus de brevets pendant la décennie 80. En outre la recherche française est dispersée entre de nombreux instituts. Le CNRS gère cependant un programme interdisciplinaire de recherche (un « PIR »).

Au niveau européen, plusieurs programmes de la CE portent sur l'environnement, notamment STEP (protection de l'environnement), EPOCH (climatologie et risques naturels), MAST (mer). La Communauté européenne dispose, à Ispra, en Italie, d'un « Centre commun de recherche » essentiellement axé sur la pollution de l'air et les risques industriels. Le dispositif EUREKA, qui sort du cadre communautaire (et dont le principe de base est la coopération transnationale entre entreprises et laboratoires de recherche), comprend également des programmes environnementaux : EUROTRAC (pollution de l'air), EUROMAR (pollution marine), EURO-ENVIRON (technologies antipollution), STEP 2000 (élimination des boues de stations d'épuration).

Enfin, sous l'égide de l'ONU ou de ses organismes « satellites » et du Conseil international des unions scientifiques (CIUS), de nombreux programmes mondiaux de recherche ont été lancés, en particulier sur le climat avec l'OMM (Organisation météorologique mondiale). Le programme « Man and Biosphere » de l'Unesco (ONU) implique plus de 130 pays, notamment sur les sols et forêts tropicaux, les savanes, les montagnes, l'impact des grandes métropoles sur l'environnement.

VI. — Une action internationale

« La Terre est une, le Monde ne l'est pas. » Cette formule, saisissante, du rapport Brundtland (ONU), « Notre avenir à tous », rappelle que l'humanité est, comme on dit, « sur un même bateau », mais qu'il y a autant de capitaines que de gouvernants.

La nécessaire coopération internationale s'est, Dieu merci, intensifiée à la fin du XXe siècle. Non seulement, comme on vient de le voir, en matière de recherche scientifique. Mais aussi par des conventions internationales (il y en a plus de 300) *liant* les gouvernements. Qu'il s'agisse de la protection des espèces et des sites, de la virginité du continent Antarctique, de la protection de l'ozone, des pollutions marines, des pollutions atmosphériques transfrontalières, du contrôle des produits chimiques..., la liste est longue des conventions *obligatoires* signées sous l'égide de l'ONU, de l'OCDE ou du Conseil de l'Europe. La Communauté européenne va plus loin encore, puisqu'elle légifère (voir § 1) désormais à la place des États. Une organisation interparlementaire mondiale, GLOBE, née en 1990, tente même d'harmoniser les lois des pays les plus industrialisés.

Mais toute esquisse de programme mondial se heurte vite à la dualité de notre Monde. « La Terre est une, le Monde ne l'est pas »... Certes, l'un des aspects le plus choquant des relations environnementales Nord-Sud (ou Est-Ouest) est en train de disparaître. Les conventions de Bâle ou de Lomé, on l'a vu, empêchent désormais le Tiers Monde d'être la poubelle des pays développés[1]. De même, les exportations de produits dangereux interdits chez nous, sans être encore proscri-

1. Voir chapitre III, « Les déchets », partie II.3.

tes (ce que beaucoup réclament, avec force !), sont, au moins, soumises au « consentement informé préalable » (...) du pays de destination. Mais les pays riches ont-ils pour autant terminé de « balayer devant leur porte » et peuvent-ils, raisonnablement, imposer leur loi écologique aux pays pauvres ? De quel droit les pays qui détiennent 80 % des revenus du monde obligeraient-ils les autres à ne pas défricher leurs forêts[1] ou à ralentir leur consommation d'énergie ? Le protocole de Montréal sur l'ozone, on l'a vu[2], n'a été signé en 1990 par les pays en voie de développement qu'après la création, à leur profit, d'un *« Fonds pour l'environnement global »*, alimenté par les pays industrialisés. La négociation fut très difficile, parce que chacun sentait bien que ce serait un précédent. D'ailleurs, au *« Sommet de la Terre »* à Rio, en juin 1992, tous les textes adoptés, que ce soit *« L'Agenda 21 »* (vaste programme pour le XXIe siècle), ou les *Conventions sur les changements climatiques* (effet de serre[3]) *et sur la biodiversité,* ou *la Déclaration sur les forêts,* comportent une clause reconnaissant la nécessité d'un financement spécial pour les pays en développement, afin de leur permettre de s'engager sur la voie d'un développement plus écologique, plus durable, plus « soutenable » que le nôtre.

A-t-on la moindre chance de persuader les pays tropicaux d'arrêter leur déforestation massive, quand ils n'ont hélas pas d'autres ressources pour se libérer d'une dette écrasante ? D'aucuns ont d'ailleurs imaginé de remettre leurs dettes aux pays pauvres, mais moyennant leur engagement d'épargner leur précieux patrimoine.

Remises de dettes, « fonds pour l'environnement global », le monde riche est condamné, pour sa survie

1. La France avait 80 % de forêts au Moyen Âge, elle n'en a plus que 27 % aujourd'hui. Certes, la *biodiversité* des forêts tropicales n'existait nullement dans les forêts tempérées (voir chap. VI, part. III.1), mais ce n'est pas toujours facile à expliquer !

2. Voir chapitre II, « L'air », partie III.

3. Voir chapitre II, « L'air », partie IV.

écologique, à la solidarité économique. *Environnement, développement, même combat*[1] *?* L'ONU, en jumelant ses deux programmes pour le développement (PNUD) et pour l'environnement (PNUE), en organisant ses « Conférences sur l'environnement et le développement » (Stockholm, 1972 ; Rio, 1992), a saisi ce formidable et double enjeu.

À nous tous, aussi, de le saisir. C'est « notre avenir à tous ».

1. L'explosion démographique du Tiers Monde, souvent présentée comme une menace sur les ressources naturelles et sur l'équilibre écologique, sera sans doute elle-même ralentie par le développement économique des pays pauvres. Encore faudra-t-il qu'il s'agisse d'un développement « soutenable ».

BIBLIOGRAPHIE

I. — OUVRAGES DE BASE

L'environnement en France (publication périodique de l'IFEN, Institut français de l'Environnement), La Découverte.

L'environnement dans l'Union européenne et *Signaux environnementaux* (publications périodiques de l'Agence européenne de l'environnement, disponibles à Paris au service des journaux officiels).

L'État de l'environnement et *Données OCDE sur l'environnement* (publications périodiques de l'OCDE).

L'État de l'environnement dans le Monde, La Découverte.

M. Barnier, *Atlas des risques majeurs (écologie, environnement, nature),* Plon, 1992.

II. — DROIT DE L'ENVIRONNEMENT

J. Morand-Deviller, *Droit de l'environnement,* PUF, « Que sais-je ? », n° 2234.

M. Prieur, *Droit de l'environnement,* Dalloz.

R. Romi, *L'Europe et la protection juridique de l'environnement*, Litec.

R. Romi, *Droit et administration de l'environnement,* Montchrestien.

Code permanent « Environnement et nuisances », Éditions législatives et administratives.

III. — EAU, AIR, DÉCHETS, BRUIT

J.-B. Leroy, *La pollution des eaux*, PUF, « Que sais-je ? », n° 983.

Revue *Pollution atmosphérique*, Association pour la prévention de la pollution atmosphérique (Paris).

J.-B. Leroy, *Les déchets et leur traitement,* PUF, « Que sais-je ? », n° 1946.

J. Teillac, *Les déchets nucléaires,* PUF, « Que sais-je ? », n° 2385.

M.-C. Botte et R. Chocholle, *Le bruit,* PUF, « Que sais-je ? », n° 855.

C. Chassard-Bouchaud, *L'écotoxicologie,* PUF, « Que sais-je ? », n° 2931.

IV. — NATURE

(Il existe bien sûr d'innombrables livres sur les espèces vivantes !)

Encyclopédie Larousse de la nature, Larousse.

Le grand livre de la nature en Europe, Bordas, 1991.

Publications du WWF-France (à Versailles) *sur les espèces, les forêts tropicales, la biodiversité, etc.*

C. Lachaux, *Les parcs nationaux,* PUF, « Que sais-je ? », n° 1827.

Magazine de la Fédération des parcs naturels, Paris.

F. Mosse, *À la découverte des réserves naturelles de France,* Nathan, 1986.

V. — DIVERS

M. Raffoul, *Le guide des métiers de l'environnement,* Bayard, 1990.

Les métiers de l'environnement, L'étudiant.

TABLE DES MATIÈRES

Introduction 3

PREMIÈRE PARTIE

SIX ENJEUX

Chapitre I — **L'eau** 5

I. Les ressources en eau, 5 — II. Les besoins en eau, 8 — III. La pollution des eaux, 11 — IV. Réglementation et fiscalité, 21.

Chapitre II — **L'air** 24

I. Les différents polluants, 26 — II. La « mort » des forêts 34 — III. Le « trou » d'ozone, 36 — IV. L' « effet de serre », 39 — V. La pollution à l'intérieur des locaux, 44 — VI. Les réseaux de mesure de la pollution de l'air, 45 — VII. Réglementation et fiscalité, 47.

Chapitre III — **Le bruit** 49

I. Les effets du bruit, 50 — II. Les sources de bruit, 52 — III. L'isolation, 60.

Chapitre IV — **Les déchets** 63

I. Les déchets des ménages, 63 — II. Les déchets industriels, 70 — III. Les déchets agro-alimentaires, 75 — IV. Les déchets nucléaires, 76 — V. Réglementation des déchets, 78.

Chapitre V — **Produire propre et sans risque** 81

I. Les produits propres, 81 — II. Les productions propres, 85 — III. Produire sans risques, 87.

Chapitre VI — **La nature** 91

I. Préserver la faune et la flore : pourquoi ?, 91 — II. La surexploitation des espèces (chasse, pêche), 96 — III. La dégradation des habitats des espèces, 98 — IV. Comment protéger la nature ? (réserves et conservatoires), 104.

DEUXIÈME PARTIE

SIX LEVIERS POUR L'ACTION

Chapitre VII — **Six leviers pour l'action** 108

I. Des lois, 108 — II. Des incitations économiques ou fiscales, 112 — III. Des citoyens et des associations actifs, 117 — IV. Une éducation à l'environnement, 120 — V. Des recherches scientifiques, 121 — VI. Une action internationale, 123.

Bibliographie 126

Imprimé en France
Imprimerie des Presses Universitaires de France
73, avenue Ronsard, 41100 Vendôme
Mars 2001 — N° 47 937